LA FUERZA
PARA CUÑAOS

ARTURO GONZÁLEZ-CAMPOS
JUAN GÓMEZ-JURADO

LA FUERZA
PARA CUÑAOS

TODOPODEROSOS

timun**mas**

Primera edición: noviembre de 2016

© Arturo González-Campos y Juan Gómez-Jurado, 2016
© Prólogo de Rodrigo Cortés, 2016
© Epílogo de Javier Cansado, 2016
© Todopoderosos, 2016

Ilustración de cubierta © Ed Carosia, 2016
Diseño de cubierta: Departamento de Arte y Diseño,
Área Editorial del Grupo Planeta

© Editorial Planeta, S. A., 2016
Avda. Diagonal, 662-664, 7.ª planta. 08034 Barcelona
Timun Mas es marca registrada por Editorial Planeta, S. A.

www.timunmas.com
www.planetadelibros.com

ISBN: 978-84-450-0415-9
Depósito legal: B. 20.738-2016
Diseño de interior: dtm+tagstudy
Impreso en España por Huertas Industrias Gráficas, S.A.

ÍNDICE

PRÓLOGO 9

EPISODIO I:
EL DESPERTAR DE LOS FRIKIS 15

EPISODIO II:
¿PARA QUÉ SIRVE UN CUÑAO FRIKI? 23

EPISODIO III:
ANTES DE *STAR WARS*, TODO ESTO ERA CAMPO 27

EPISODIO IV:
GEORGE LUCAS, QUE ESTÁS EN LOS CIELOS 31

EPISODIO V:
MUCHACHO, ¿TIENES IDEA DE LO QUE ESTÁS HACIENDO?...... 47

EPISODIO VI:
¿QUÉ MIERDA ES ESO DE LA FUERZA? 53

EPISODIO VII:
MAY THE FORCE BE WITH YOU 57

EPISODIO VIII:
LAS PELÍCULAS CONTADAS A TU CUÑAO
STAR WARS EN POTITO 61

   EPISODIO IV: UNA NUEVA ESPERANZA 63

   EPISODIO V: EL IMPERIO CONTRAATACA 81

   EPISODIO VI: EL RETORNO DEL JEDI 99

   EPISODIO I: LA AMENAZA FANTASMA 117

   EPISODIO II: EL ATAQUE DE LOS CLONES 133

   EPISODIO III: LA VENGANZA DE LOS SITH 143

   EPISODIO VII: EL DESPERTAR DE LA FUERZA 155

EPISODIO IX:
PERSONAJES MUY MUY CERCANOS 173

EPÍLOGO 217

LOS AUTORES 221

PRÓLOGO

El libro es malo. Digámoslo cuanto antes. A mí no me gusta. En mi descargo alegaré que no lo he leído, pero no necesito entrar en una cuadra para saber que huele. Me he guiado un poco por la trayectoria de los autores y un poco por su forma de vestir. Más por la forma de vestir. La trayectoria se explica a sí misma: Arturo vive en el Parque del Calero, que es un sitio que no existe, como Narnia, como Mordor, como mi casa de la playa. ¿Qué trayectoria puede esperarse de alguien que no vive en ninguna parte y no sabe adónde va? Arturo viene, sí, de la radio. Pero la radio está aún más lejos que Mordor, en San Sebastián de los Reyes, y hay zonas por donde no pueden ir los peatones sin jugarse la vida. Un peatón que se juega la vida es la promesa de dos deberes cumplidos: el del peatón y el del conductor, al que le basta abrir la puerta del copiloto para matar dos pájaros de un tiro. ¿Qué trayectoria es ésa? La de Juan es aún peor. Se ha cambiado de casa y ahora vive en Antón Martín, en la capital de España, o cerca. Antón Martín era hijo de un matrimonio de campesinos acomodados, Pedro de Aragón y Elvira Martín. Quedó huérfano de padre a los pocos años y su madre volvió a casarse. Sus dos hermanos desaprobaron las nuevas nupcias de su madre, por lo que se emanciparon. Antón se trasladó a Madrid y decidió emprender la carrera militar, enrolándose en Valencia. Juan no sabe nada de Antón Martín porque no tiene internet, no como yo, que sí que tengo. Acaba de mudarse y tampoco tiene luz ni agua. Vive en un rincón de la casa alimentado por los lobos, se lava frotándose con un arbusto y mira con desconfianza a los extraños. Cuando alguien se acerca a él, da dos pasos hacia atrás, en cuclillas, y recela. Si alguien le extiende la mano, la olisquea antes de dejarse tocar y salta ante el menor movimiento sospechoso. Es muy bonito de mirar, pero muy penoso de ver. Javier Cansado, que a veces le lleva comida, lo dice mucho: «Es muy bonito de mirar, pero muy penoso de ver», dice, y luego ríe. Ríe un poco para fuera y un poco para dentro, no sabría decir qué poco. Luego retira la comida y se la lleva a casa casi intacta, sin parar de reír. «Ja, ja, ja —ríe Javier—. Ja, ja.» Y Juan gime en su rincón, preguntándose qué ha hecho, si ése será el destino de todos los huérfanos. Arturo es un cómico muy famoso al que admiro mucho, pero se me ha olvidado mencionarlo porque me da rabia. Juan es un novelista muy bueno que publica en todo el mundo, pero a mí qué. A mí no me importa. A mí no me importa nada. A mí me importa la vida, los amaneceres, las gotas de lluvia sobre la cara; no me importan los demás, no me importa nadie. Hablemos ahora de la forma de vestir. No abramos un punto y aparte, miremos sólo adelante, avancemos juntos de la mano, hacia el futuro. Punto y aparte. Los dos visten mal. No sabría decir cuál viste peor. Los dos llevan camisetas de monstruo y de superhéroes y de series de televisión, como dejando claro que desconfían de los adultos. Las de Juan son estrechas, porque cuando lo dejaron abandonado en la puerta del orfanato se fijó en la talla de la que llevaba y fabricó en el acto un trauma, como primera decisión de emancipado. A Juan le gusta decir emancipado en lugar de huérfano para que se vea que es un domador de palabras, un paracaidista de sueños, un loco maravilloso. No es que le importe ser huérfano, cree que consiste en tener una batcueva y un mayordomo que te pellizque los pezones antes de cada misión para que se marquen en el traje, pero no es eso. Ser huérfano es que no tienes padres. Se lo hemos dicho mil veces, a ver si llora, pero no hay manera. Gime, pero no llora. Nos olisquea la mano y aúlla; no llora; nunca llora. Tira de la camiseta para abajo y se tapa el ombliguito con un fleco de la capa del Doctor Extraño, que es roja, aunque el resto del estampado no. «Mola el diseño, ¿eh? —te escribe en una tablilla—. La he pillado en Amazon Premium.» A veces no sabes que te está hablando. A veces te preguntas por qué estás ahí, qué mala decisión has tomado. Y Juan te arrebata un trozo de dónut y se va a otra habitación a devorarlo a oscuras. Arturo lleva la misma camiseta, pero de otra talla. De otra talla más grande. Varias tallas. Una sola, pero varias tallas más grande. Es una paradoja que «varias tallas más grande» sea una sola talla, pero eso no arredra a Arturo, que se pone una camiseta grande de Mazinger y una camisa oscura abierta por encima. Arturo se las sabe todas. Antes se ponía la gorra para atrás, pero antes antes, en 1992, cuando Antonio Rebollo atravesaba con su flecha el aire de un pebetero con llave para el gas y funcionario mirando al cielo. Qué recuerdos... Arturo también tiene recuerdos, pero no los comparte, porque es un estoico y porque odia hablar solo, lo que no impide que lo haga a menudo, tal es su madurez (Arturo no hace lo que quiere, hace lo que toca, lo que debe: este libro, por ejemplo, escrito a pachas con Juan, el niño lobo, y sin corrector de pruebas, me apuesto lo que sea). No me gusta la portada (antes de esto iba un punto y aparte). No la he visto, pero valiente excusa. Me basta con conocer al diseñador, su trayectoria, su ropa. Un día os hablaré del diseñador. En cuanto sepa quién es. Francamente, dudo que una portada así la haya diseñado nadie. No estoy de acuerdo con el tamaño de mi nombre, pero poco puedo hacer al respecto, Juan y Arturo no tienen ningún poder sobre la editorial, que hace lo que le sale de los huevos. Ahora mismo no sé qué editorial es, pero pongo la mano en el fuego. Aquí querrían un punto y aparte, pero no todo lo deciden ellos: tengo mi parcelita, tengo mi margen. Ejerzo mi pequeña cuota de poder. Pero no hablemos de mí. Punto y aparte. Javier Cansado firma el epílogo. Como de verdad no haya corrector va a ser la risa, porque Javier no usa comas, al contrario que Faemino, que pone comas por todas partes, espolvorea el mundo de comas, las siembra y llena nuestra vida con su magia. Arturo y Juan le pidieron que hiciera él el epílogo, pero Faemino les indicó una ruta muy concreta. Javier Cansado viste muy bien, porque lleva tirantes y hace reír a los niños; ¿no hacemos todos lo que hacemos por la sonrisa de un niño? Yo, desde luego, sí: esto no lo cobro. Deberíamos hablar de eso. Pero no hablemos de eso. Punto y aparte. Este libro, que se llama no sé qué, está muy bien para los niños, porque los niños ya no leen y no corren ningún riesgo. Creo (creo) que va sobre *La guerra de las galaxias*, que ya ves tú, como si, a su edad, Arturo y Juan tuvieran tiempo que perder en tonterías. *La guerra de las galaxias* es una saga que ahora se llama *Star Wars* y que va de movidas. Suenan las cosas, aunque sea en el espacio, y hay amistad y hay hermanos que se besan en la boca (la segunda vez es incómodo para todos) y el bien y el mal andan todo el rato que si tú, que si yo, que si empezaste tú, que si que te pires. La saga es buenísima. Tengo que verla. Arturo y Juan se han bajado las películas y han tomado notas en una libreta de Spiderman, me apuesto lo que sea. Si ves algo gracioso, es de Arturo. Si es del viaje del héroe, es de Juan. A Juan le gusta mucho Joseph Campbell y habla de él siempre que puede. Entre gruñidos, como quien añora el bosque al que jamás volverá y que tampoco se sacudirá del todo. La turra que da Juan con Campbell..., ahora en serio, a ver si se hace un powerpoint y nos lo envía a todos. Yo quiero mucho a Juan. A Arturo también, porque habla, y eso lo agradece cualquiera que no sea pastor de cabras. A Cansado lo quiero, pero no cuenta: no ha escrito el libro. Y qué libro, madre mía. Qué libro...

Rodrigo Cortés

EPISODIO 1:

EL DESPERTAR DE LOS FRIKIS

BREVE HISTORIA
DEL FRIKISMO EN ESPAÑA

Si has comprado este libro, seguramente no eres una persona normal. Llevas años escuchando que lo que a ti te gusta no es lo normal y no paras de recibir la incomprensión de los normales. Por eso queremos empezar con este cuento:

«En un cementerio, un hombre chino colocaba un cuenco de arroz sobre la tumba de su mujer. Un occidental que lo vio, se echó a reír y le dijo:

—¿De verdad cree que su muerto vendrá a comerse el arroz?

A lo que el chino respondió:

—Tanto como usted cree que el suyo vendrá a oler sus flores.»

«Lo normal» es uno de los conceptos que más odio. Cualquier persona que utiliza esa expresión como positiva ignora que no existen cosas normales y cosas raras, sólo hay cosas que vemos habitualmente y normalizamos y cosas que no. Como decía Hannibal Lecter: «Uno se enamora de aquello que ve cada día». Menos los no normales, que nos enamoramos de lo que el día a día no nos deja ver.

La expresión «friki» viene un poco de eso, es la forma que tienen los «normales» de recordarnos que nuestra afición no es la que la sociedad aprueba. Hemos suavizado la expresión original *freak* («monstruo»), pero sigue siendo una forma de llamarnos diferentes, raros, los que hacen cosas no normales.

Lo que pasa es que cuando quiero hacer esfuerzos para ser normal, me pongo a mirar lo que hacen y, desde fuera, son ellos los que me parecen no normales y se me pasa enseguida.

 **Es normal** hablar durante horas de la vida de Rosa Benito.

 **No es normal** hacerlo de *El Señor de los Anillos*, aunque sea también una obra de ficción.

 **Es normal** que alguien tenga en casa imágenes o figuras de su religión, equipo o ideología política.

 **No es normal** tener figuritas de personajes que te han hecho muy feliz.

 **Es normal** ver a gente quejarse de que la cultura es muy cara aunque hay libros de todos los precios.
No es normal quejarse de que te cobren tanto por una copa de alcohol que sabemos que vale mucho menos.

 **Es normal** ver a gente discutir por una idea política hasta la violencia, aunque los políticos cada día se muestren más corruptos.

 **No es normal** que te guste estar horas hablando de películas, cómics o videojuegos que te han dado entretenimiento, felicidad y conocimientos que no tenías.

 **Es normal** saberse todos los jugadores de la liga.

 **No es normal** saberse los miembros de la Liga de la Justicia.

Por eso no me gustan los «normales», porque miran en una única dirección, porque no quieren saber lo que hay detrás de la esquina, porque prefieren aceptar a preguntar.

Con el movimiento friki está ocurriendo algo parecido a lo que pasó con el movimiento gay, ha sido necesario que sus miembros alcancen una edad y una posición económica y de poder para que se generen productos adecuados para el colectivo y para que los frikis salgan del armario y luzcan sin miedo su condición y sus gustos.

Esos niños que coleccionaban cómics en los 80, que buscaban sin descanso información sobre sus sagas de ciencia ficción favoritas, que esperaban ansiosos a que alguien viajara al extranjero para que les trajera *gadgets*, libros, camisetas... Esos jovenzuelos ochenteros han crecido, y en muchos casos, al haber sido niños que leían más que los otros, investigaban más que los otros y tenían más inquietudes que los otros, ahora ocupan cargos más altos que los otros y, por lo tanto, tienen mayor poder económico.

Pero no han perdido su pasión; los frikis siguen queriendo tener ese cómic, esa camiseta, esa edición especial de su película o serie favorita, esa figurita... Sólo necesitan a alguien que les indique cómo y dónde conseguirlas. La vida de un friki en los 80 es una historia de frustraciones y deseos inalcanzables; una historia como la mía.

1980. Tenía once años, iba por El Corte Inglés con mi madre y vi por primera vez algo que no se vendía en España: una camiseta friki.

Era una camiseta de Mickey Mouse disfrazado de Superman, tampoco era el colmo de lo friki, pero hasta ahí llegaba este país en esas cosas. Pedí a mi madre que me comprara la camiseta y ella me miró con esa cara que ponen las madres de «lo tengo que querer porque es mi hijo, pero ahora mismo lo estampaba contra el mostrador de oportunidades».

—Es que me gusta.

Mi madre tiró de mi mano en dirección contraria mientras decía una de esas frases que hacen grandes a las madres:

—Y a mí también me gustan muchas cosas y no las tengo.

Lo más curioso es que esa visita a El Corte Inglés era para comprarme «un traje mono» para ir a una boda. Vestido con pantaloncitos de pinzas, camisa y corbata y jersey de pico, me sentí en aquella boda más disfrazado, más ridículo y menos yo que si me hubieran dejado llevar esa camiseta.

2016. Tengo cuarenta y siete años, un armario reventado de camisetas frikis y un montón de gente que me dice que ya no tengo edad para ponérmelas. Pero las sigo llevando porque por dentro pienso: «Eres tú el que ya no tienes edad para disfrutarlas.»

¡YO NO SOY PACO PORRAS!

¿Sabías que a los frikis sólo nos llaman frikis en España? Perdón por el trabalenguas, voy a tratar de explicarlo.

La RAE (Real Academia de la Lengua, que se me olvida que esto podrían leerlo cuñaos) define «friki» de tres maneras:

1. *adj. coloq.*	Extravagante, raro o excéntrico.
2. *m. y f. coloq.*	Persona pintoresca y extravagante.
3. *m. y f. coloq.*	Persona que practica desmesurada y obsesivamente una afición.

Y con esto nos tenemos que aguantar los frikis, con una definición que vale tanto para nosotros como para un jubilao de mi calle que va por los contenedores buscando gomas de butano porque dice que la gente las tira nuevas.

En España un tío que lo sabe todo sobre la obra de Tolkien o que se ha estudiado tochos enormes de teoría de la estructura de la programación de datos binarios no es muy diferente de esos señores que van al sorteo de la lotería de Navidad disfrazados de caniche.

¿DE DÓNDE VIENE LO DE FRIKI?

Pues viene de la tele, de donde vienen casi todos los delirios. Allá por principios de siglo, la tele empezó a nutrirse de una serie de personajes extravagantes que hacían sus monerías en los programas de moda: Paco Porras, un adivino que leía el futuro en las frutas, la pitonisa Lola, una bruja que encendía velas negras a quien la insultara, Toni Genil, un hombre que se hizo famoso por cantar de rodillas (para la gente más joven, hemos de aclarar que todo lo que estoy contando es real, para cuando os digan que la tele que veis ahora es horrible)... También estaban Leonardo Dantés, que bailaba con un pañuelo, o Juan Miguel, un peluquero casado con Karina (¿a que no pensabas leer estos nombres en un libro sobre *Star Wars*?).

A estos personajes se les dio el nombre de frikis por su característica *freak*, como de personaje de película de Tim Burton pasado por Berlanga. Hasta se llegó a hacer una «película» (si la has visto justificarás esas comillas) con estos personajes como protagonistas que llevaba por título *FBI: Frikis Buscan Incordiar* (me parto, ja).

Es complicado saber en qué momento esta definición, que servía para denominar extravagancias televisivas, pasó a servir también para llamar a una persona que ha leído toda la obra de George R. R. Martin y es capaz de hablar durante horas de todas las referencias literarias y culturales que aparecen en «Juego de Tronos», pero dice mucho del respeto de este país por la gente que pretende ir más allá de lo que nos ofrece la telebasura.

Has de saber que lo que nosotros llamamos friki en el resto del mundo es un *geek* o un *nerd*, pero que si en cualquier país del mundo dices: «Soy un friki» no van a entender que eres aficionado a un tipo de cultura popular sino que, probablemente, tengas dos penes.

UNA NUEVA ESPERANZA

Estamos viviendo la edad de oro del frikismo (desgraciadamente no tenemos otra palabra, así que permitidnos usar ésta). Tras años de que nuestras películas, libros, cómics, etcétera, hayan sido considerados subcultura, productos infantiloides y facilones, el éxito de *Harry Potter*, de las películas de superhéroes como *El Caballero Oscuro*, de series como «Juego de Tronos», ha hecho que mucha gente que miraba por encima del hombro esta «cultura popular» se haya visto obligada a pensar que «algo tendrá el agua...» y echar un vistazo a esas zonas de las estanterías por las que pasaba rápido cuando iba a la librería.

Algunos, por supuesto, han seguido arrugando la nariz y estirando el meñique con desprecio, pero cada vez son más las universidades que incluyen la cultura popular como objeto de estudio y cada vez más los periódicos que cubren sus noticias, las webs que tratan de ella y hasta los podcasts (alguno nos suena) que están dedicados a demostrar que no hay fronteras entre lo que «normalmente» se ha llamado cultura y esos productos que, camuflada bajo una capa de entretenimiento, esconden una carga de profundidad que sirve de igual manera para explicar el ser humano, sus inquietudes y el tiempo que lo acoge.

La única diferencia es que unos usan a Dios, otros la filosofía y nosotros usamos a Superman.

EPISODIO II:

¿PARA QUÉ SIRVE UN CUÑAO FRIKI?

¿POR QUÉ MOLA *STAR WARS*?

Este libro nace con la idea de que tú, el día en que tu cuñao rompa por la presión social su idea de que *Star Wars* son «películas de muñequitos» y te pregunte aquello de: «Yo no sé qué le veis a eso de *La guerra de las galaxias*, que está todo el mundo tonto con ello» puedas sentarlo en el sofá y contarle de manera fácil y digerible por qué *Star Wars* es mucho más de lo que él ve cuando se pone una película de la saga y la mira mientras da cabezadas y come cacahuetes.

Lo primero que vas a tener que hacer es despertar su interés, demostrarle que puede vacilar en las bodas con cosas que él sabe y los demás no. Por eso vamos a empezar con una afirmación que despierte su interés:

STAR WARS NO ES CIENCIA FICCIÓN

Aquí vas a dejar loco a tu cuñao.

> ¿Salen ROBOTS, naves espaciales y aRmas LaseR, peRo no es cienciaficción? Estás muy loco, cuñao.

Lo cierto es que no, aunque incluso muchos fans de *Star Wars* meten la saga dentro de la ciencia ficción; estamos hablando de unas películas de fantasía, otro género. Para que lo entienda bien puedes decirle que *Star Wars* está más cerca de *El Señor de los Anillos* que de *Blade Runner*. La explicación más fácilmente entendible está en la palabra «ciencia». Si bien los dos géneros son ficción, es decir, las cosas que pasan no podrían suceder en el mundo actual en que se ha hecho la película, en la ciencia ficción las cosas que ocurren deben estar basadas en fundamentos científicos (aquí puede que notes que a tu cuñao se le hincha la vena del entrecejo, pasa muy rápidamente a la explicación para que se calme).

Por ejemplo, *Blade Runner* va sobre replicantes que son robots que empiezan a tener los mismos sentimientos que los seres humanos; evidentemente eso no existe hoy en día, pero sí hay robots y, si siguen perfeccionándolos, un día, en una posible ficción, el robot aspiradora ese que tienes en casa que limpia cuando tú te vas a trabajar empezará a sentirse solo, pensará que son injustas la cantidad de horas de trabajo que echa para que tú llegues a casa y no le hagas ni una caricia, ni le des una carga extra de batería por Navidad o lo sientes en tu regazo en el sofá y le limpies cariñosamente las escobillas mientras veis una serie.

¿Suena raro? Pues es más o menos el argumento de un montón de películas de ciencia ficción en las que las máquinas se levantan contra sus creadores: *Terminator*, *Matrix*, *2001*... Incluso *Frankenstein*.

Eso es la ciencia ficción. Aplicar las leyes físicas de la Tierra a historias inventadas. Si según las teorías de Einstein el hombre podría llegar a viajar en el tiempo, podemos hacer *Regreso al futuro*, *12 monos* o *Donnie Darko* y llamarlas ciencia ficción con total tranquilidad.

ENTONCES ¿CUÁLES SON LAS DE FANTASÍA?

Pues son aquellas que pasan en un universo y en un tiempo que no son los nuestros y, por tanto, se rigen por leyes inventadas por el autor. ¿Os suena lo de «Hace mucho mucho tiempo, en una galaxia muy lejana»? Pues de eso se trata, de dejar muy claro que *Star Wars* no ocurre ni siquiera en nuestra galaxia, incluso que es algo que ocurrió hace mucho tiempo, para que ni siquiera pueda acercarse a nuestras leyes.

Eso es lo que explica que, por ejemplo, en las películas de *Star Wars* los disparos en el espacio hagan ruido (algo que sabemos que no es posible en nuestra galaxia) o que haya especies que no existen en nuestro mundo, o, incluso, que exista la Fuerza debido a las características de la naturaleza de esa galaxia (a la Fuerza ya llegaremos, que eso a tu cuñao lo va a bloquear de por vida).

Películas de fantasía son, por tanto, todas aquellas que ocurren en universos o tiempos que no son el nuestro. *Narnia*, *Los juegos del hambre*, *La historia interminable*, *Cristal oscuro*, *Conan*, *Pesadilla antes de Navidad*, *Avatar*...

EPISODIO III:

ANTES DE *STAR WARS*,
TODO ESTO ERA CAMPO

¿HAY VIDA ANTES DE LA SAGA?

A tu cuñao, que jamás vería una película de antes del 2000 y mucho menos en blanco y negro, le fascinará que le cuentes que, antes de *Star Wars*, ya había películas como *Star Wars*. Por eso, manteniendo la impecable labor divulgativa de este libro, te vamos a dar un par de nociones que mola contar en las reuniones de no iniciados para convencerlos de que esa afición tuya tiene un fondo más potente de lo que ellos piensan (siempre dando por hecho que tu cuñao piense).

BREVE HISTORIA DEL CINE DE FANTASÍA Y CIENCIA FICCIÓN ANTES DE QUE GEORGE LUCAS SE COMPRASE UNA LIBRETA

Enseguida hablamos de por qué diferenciamos fantasía y ciencia ficción, pero antes no está de más que sepas que hubo vida antes de George Lucas. Más que nada por no quedar como un frikazo de esos que sólo sabe de un tema, de una saga.

Hasta los 70, con muy pocas excepciones, el cine de ciencia ficción había sido un género de serie B, es decir, de películas pensadas para llenar los cines de palomiteros dispuestos a disfrutar con naves colgadas de un hilo, señores disfrazados de monstruo gruñendo atemorizadores, chicas gritando atemorizadas y héroes rudos que miraban al cielo con los ojos entrecerrados y decían frases como: «No vas a poder con nosotros, bestia inmunda».

En los 50, en plena Guerra Fría y con la obsesión americana por la invasión comunista, las películas fantásticas se utilizaban como metáfora de la amenaza exterior, donde los americanos eran los terrícolas (los buenos, los que defendían la «buena manera de vivir»), y los malvados extraterrestres eran los comunistas que se empeñaban en invadir la tierra de las maravillas para poblarla de maldad y babas sin llegar nunca a conseguirlo gracias al Gran Héroe Americano.

Después de que Vietnam bajara los humos a muchos yanquis, que vieron que también podían equivocarse, el cine de ciencia ficción cambió. El cine americano en general cambió, y a finales de los 60 y durante casi todos los 70 se volvió más serio, más autocrítico y menos triunfalista.

Dos películas de 1968 (once años antes de *Star Wars*) cambiaron para siempre la manera de tratar el cine de ciencia ficción: *2001* y *El planeta de los simios*.

La primera recordaba al ser humano que no estaba tan lejos del mono prehistórico del que viene, que aún le quedaba mucho por evolucionar y que era poco más que el proyecto de la perfección, que no se sintiera tan importante.

La segunda se encargaba una vez más de bajarle los humos, le volvía a recordar que no era más que un mono depilado que hablaba y le explicaba que, si seguía creyéndose más de lo que en realidad era, podría ser él y no el mal exterior el que, con la potencia nuclear que estaba creando, acabase consigo mismo.

En los 70 el cine se volvió serio y adulto. Y no sólo por las circunstancias históricas, sino porque los jóvenes habían abandonado las salas de cine en favor de la televisión y las películas se hacían pensando en una generación adulta, que era la que seguía manteniendo la costumbre de su infancia de acudir un día a la semana al cine y pagar su entrada. Son tiempos de películas sesudas, políticas, sociales, de Woody Allen y sus neuras de adulto neoyorquino. Al cine se iba a pensar.

La ciencia ficción de la década era también así, cintas densas con visiones pesimistas del futuro *Cuando el destino nos alcance*, *El último hombre vivo*, *La naranja mecánica*, *Almas de metal*... Todo chungo, todo mal, todo para tomarse unos días de asuntos propios de lo de estar vivo.

VAMOS A NECESITAR UN CINE MÁS GRANDE

Y llegó *Tiburón* y cambió todo.

Un muchacho llamado Steven Spielberg sacó una película que hizo que todo el mundo volviera al cine. Terror, entretenimiento y reflexión social a partes iguales. Una mezcla perfecta que pudiera contentar a todas las edades y una nueva manera de hacer cine. Los productores descubrieron entonces que no es que los jóvenes no quisieran ir al cine, es que no estaban sacando productos que los llevaran. Y descubrieron también que los jóvenes de ahora no necesitaban películas tontas, sino que les camuflaran las reflexiones como su madre les camuflaba las verduras en la empanadilla.

Nace el *blockbuster*, la película pensada para todos los tipos de público, precedida por una campaña potente de publicidad y que llegaba a los cines después de haber creado verdadera ansiedad por verla. Los culpables del cine que tenemos hoy se llaman Steven Spielberg y, unos años después, con la saga que ocupa este libro, George Lucas. 🔰

EPISODIO IV:

GEORGE LUCAS,
QUE ESTÁS EN LOS CIELOS

GRACIAS SEAN DADAS
AL SUMO HACEDOR

George Lucas es ese señor con barba blanca, pelazo y una papada en la que cabe El Consorcio entero que has visto mil veces en las fotos de rodaje de *Star Wars*; él es el verdadero creador de la historia y, como irás viendo, un personaje adorado y odiado casi a partes iguales. Lucas nació en California, en la ciudad de Modesto (tiene narices, con la pasta que tiene, nacer en Modesto). Por lo que cuentan, Modesto tiene que ser una juerga continua, un lugar en el que la mayoría de sus habitantes se dedica al cultivo de nueces y en el que su padre tenía un taller donde vendía escritorios de madera... Lo que viene siendo una vida loca.

De pequeñito soñaba con ser piloto de coches, pero tuvo un accidente bastante grave y tuvo que olvidarse de ese sueño. Ojo, esto que te estoy contando puede parecer relleno, pero piensa un poco: ¿cuál era el sueño de Luke Skywalker mientras vivía en su casucha en mitad de la nada en Alderaan? Pues efectivamente, ser piloto; de hecho, si recuerdas, se le ve en su habitación haciendo volar un avión de juguete y hablando de las ganas que tiene de irse de allí, y eso que no había nueces.

Pero te diré más: ¿no te suenan muy parecidos los nombres de Luke y Lucas? Pues claro, porque Lucas proyectó en este personaje todas sus ansias de aventura y su deseo de cambiar los escritorios por cosas más emocionantes, si es que las hay.

LUCAS GAFOTAS, CAPITÁN DE LOS PELOTAS

Después de la toña que se metió con el coche y tras pasar unos días en el hospital, Lucas se puso a pensar que lo mismo lo de ser piloto de carreras iba a ser una buena manera de quedarse sin dientes y se puso a estudiar. Se apuntó a la universidad (a la que imagino que iría en bus para no liarla) y empezó a estudiar antropología, sociología y literatura, entre muchas otras cosas, y se convirtió en el repelente de la clase.

Ojo, esta fase de empollón es clave para explicarle a tu cuñao por qué *Star Wars* es algo más que una saga de acción. Lucas estudió en aquella época diferentes culturas, religiones, referentes literarios y políticos, y todo eso está en *Star Wars*; no es un tipo que se pone a escribir y le sale una saga así, porque ha cenado fuerte, es un cerebrito que pone años de estudio al servicio de dignificar un género y de crear un nuevo modo de hacer cine que cambia la historia.

Por si fuera poco, por aquel entonces, en su etapa gafapasta, Lucas consigue una cámara de Super 8 como la que usaba tu padre para sacaros en la playa y empieza a hacer sus primeras pelis, además de ponerse tibio de ver cine no americano, sobre todo japonés y francés. Si ves que aquí tu cuñao empieza a mirar el móvil y a darle a me gusta a fotos de pies en la playa, puedes contarle que este tipo de películas fueron también las que más influyeron en el cine de Quentin Tarantino. A tu cuñao no se le queda ni un solo nombre de director, entre otras cosas porque él, cuando va al cine, es de los que empieza a ponerse el abrigo y se levanta cuando intuye que la peli está acabando. Pero ojo, Tarantino sí le llega... Tarantino es de los pocos directores que ha roto el filtro cuñao y le llega a la patata.

EL CLUB DE LOS BARBAS

Como el gafotas de Lucas no paraba de destacar, acabó yendo a la Universidad de California, donde se hizo amiguito de otro gafotas con barba que cambiaría la historia del cine: Steven Spielberg.

Uno puede imaginarse a estos genios quedando para ir a tomar algo al McDonald's y charlando en plan:

—Pues yo voy a hacer una peli de un extraterrestre que viene a la Tierra y conoce a un niño...

—Pues yo lo que quiero es hacer una de unos frailes que pelean con tubos fluorescentes.

—¡Ay, que me meo, voy a pedir más kétchup y seguimos diciendo tonterías!

Tan empollón era Lucas que le dieron una beca para que pudiera asistir de observador al rodaje de una película de Fred Astaire que se llamaría *El valle del arco iris*. Allí se hizo muy amigo del director de esa peli: Francis Ford Coppola. Y pronto se lo llevó a las tardes del McDonald's:

—Pues yo primero quiero hacer una cosa sobre Vietnam y luego otra sobre un padrino de la mafia.

—Ja, ja... Eres un *jachondo*, Francisco... Venga, que me pago un Shandy para todos.

Después de éstos se unieron también Brian De Palma y Martin Scorsese, todos serían luego culpables de las películas más taquilleras y se convertirían en millonarios. Debió de llegar un momento en que, cuando entraban en el McDonald's, les servían hasta un whopper si lo pedían.

LUCAS PARECE QUE LO VA A PETAR Y LA TIRA AL LARGUERO

Su amiguete Coppola decidió pagarle una peli en una productora que estaba creando, y Lucas eligió alargar un corto suyo y parió su primera película: *THX-1138*.

Dicen que el nombre de esta película viene del número telefónico de George Lucas en San Francisco, que era 849-1138, donde las letras THX corresponden a los números 8, 4 y 9.

La película no fue un exitazo, de hecho fue un fracaso tan grande que los estudios no quisieron participar en su estreno, por lo que ambos directores se quedaron sin empleo. George Lucas decidió dedicarse al guión de *American graffiti* y eligió como su propio regalo de cumpleaños viajar a Europa por primera vez y visitar el festival de Cannes. El mismo día de su cumple, va a cenar a casa de Coppola, y su esposa, que estaba embarazada, esa misma madrugada dio a luz a Sofía, nacida el mismo día que Lucas y que vino con un despido bajo el brazo.

Finalmente, en Cannes, Lucas tenía tan poco dinero que tuvo que cogerse un hotel que estaba lejísimos del festival. Tanto que no pudo asistir a una conferencia sobre su propia película porque llegó tarde a recoger las entradas. A cambio se reunió con un tal Picker, magnate de Hollywood, y consiguió un precontrato por *American graffiti* a cambio de que, después, dirigiera una película de ciencia ficción, que se estaban poniendo muy de moda gracias al éxito de *El planeta de los simios*. Y aquí sí, aquí vamos ya al lío.

PISTA DE DESPEGUE. LA PREPARACIÓN DEL MÁS GRANDE VIAJE ESPACIAL

Cuando acabó el rodaje de *American graffiti* en 1973, Lucas escribió un boceto para una historia galáctica titulado *The Journal of the Whills*, pero le quedó demasiado confusa para ser comercial.

Así que Lucas decidió escribir un boceto de trece páginas que consistía en una especie de remake de *La fortaleza escondida*, dirigida por Akira Kurosawa, que se llamó *La historia de Mace Windu, venerado Jedi de Opuchi, tal como fue contada a Usby C. J. Thape, aprendiz del famoso Jedi*. Un nombre sencillito y sin pretensiones. Pero fíjate, aquí se habla ya de Mace Windu, el personaje que acabaría interpretando Samuel L. Jackson en *La amenaza fantasma*, para que veas cómo tenía de claras las cosas el barbas.

Tras varios retoques, fue concluido definitivamente en 1976, con el título *Adventures of Luke Starkiller, as taken from the Journal of the Whills. Saga I: The Star Wars*.

Como el título le había quedado más largo que la carrera de Mickey Rooney y Lucas estaba harto de ponerle un título kilométrico cada vez que lo reescribía, decidió reducirlo a *Star Wars*.

FLASH... ¡AH AAAH!

La primera intención de Lucas era hacer una película de Flash Gordon, un homenaje a los seriales que veía en el cine de pequeño. Antes de poner la película principal, se puso de moda en los cines poner episodios cortos protagonizados por héroes de acción como El Llanero Solitario. Estos episodios acababan siempre con el héroe o su chica a punto de morir.

Lucas fue a ver a los propietarios de los derechos de Flash Gordon, pero éstos no lo tomaron en serio, porque era un tipo desconocido y porque ya estaban en negociaciones con el famosísimo productor Dino de Laurentiis para que hiciera una adaptación. Así que Lucas decidió escribir su propia *space opera* (que era como se llamaba a estas historias de culebrón ambientadas en el espacio).

La influencia de Flash Gordon en *Star Wars* es enorme, no sólo en el tipo de historia y en la ambientación espacial. Sin ir más lejos, el famoso sable láser no es otra cosa que la adaptación moderna de la espada de fuego que llevaba Flash.

Otra de las cosas en las que influyó fue en los peinados de Leia, aunque tuvieron mucho que ver las mujeres que trabajaban para Emiliano Zapata y la manera rebuscada de peinarse de las geishas japonesas: hay viñetas del cómic de Flash Gordon en las que Dale Arden lleva exactamente las dos ensaimadas con las que conocimos a Leia.

Pero cuando más va a alucinar tu cuñao es cuando sepa que aquellas letras que se alejan en la pantalla al principio de las películas también fueron cogidas de estos episodios de Flash Gordon. Por el hecho de estar la historia dividida en capítulos, antes de cada uno aparecía en pantalla un resumen del episodio anterior por si te lo habías perdido.

En este momento vete a YouTube y ponle «Star Flash Gordon Wars» y mírale la carita mientras flipa.

La otra influencia básica para crear *Star Wars* está en un libro que Lucas encontró por casualidad y que le cambió la idea de contar una historia. Se llamaba *El héroe de las mil caras*, lo escribía Joseph Campbell, y Juan Gómez-Jurado os lo va a contar con esa galanura con la que él cuenta las cosas.

Hace mucho tiempo en una galax...

no, espera.

Ése es un inicio muy malo. ¿Cómo podría empezar?

Supongo que como todas las historias. Por un huérfano.

Sé lo que estás pensando. Que no todas las historias comienzan con un huérfano. Hay películas donde los protagonistas tienen padres, dices. No, amigo mío. Estás meridianamente equivocado.

Todos los protagonistas de todas las historias son huérfanos, aunque tengan padres.

¿Te parece poco original? ¿Y si te dijera que todas las historias son la misma historia?

Antes de que llames al hospital psiquiátrico para que me encierren, déjame que te explique por qué. Y cómo el día en el que George Lucas descubrió esto mismo, la manera de escribir guiones de cine cambió para siempre.

Todo comienza con un huérfano, George Lucas. Era huérfano porque no tenía ni la más remota idea de cómo conseguir que funcionase su guión de *Star Wars*. Si te lees el original, entenderás por qué[1].

Éste es el origen de todas las historias. Comienzan con una persona ordinaria en un mundo ordinario, alguien que está perdido y solo. Huérfano.

George descubrió un libro, sin embargo, que le cambió la vida. Se trataba de *El héroe de las mil caras*, un oscuro tratado de mitografía escrito por Joseph Campbell[2].

En el libro, la culminación de toda una vida dedicada a los mitos, Campbell descubre que existe un patrón narrativo que se repite de forma inequívoca en todas las historias[3]: el viaje del héroe.

Según este patrón narrativo, el héroe debe seguir los siguientes pasos (en negrita).

Comienza su historia en su **mundo ordinario**, huérfano y en una situación poco agraciada. Por ejemplo, viviendo con sus tíos en una granja de humedad en el desierto[4].

Recibe una **llamada a la aventura**, en este caso el mensaje de la princesa Leia a Obi-Wan.

---

1 Era una mierda.

2 Por supuesto, en castellano no ha sido publicado en España, aquí no se publica nada bueno. Pero se puede encontrar una traducción estupenda realizada en Argentina.

3 Permíteme aclarar: en todas las historias buenas, desde *El Quijote* hasta *Titanic*. Cuando tu cuñado te cuenta cómo hizo Madrid-Valencia en hora y media, eso no es viaje del héroe.

4 Intuitivamente no parece el sitio más apropiado para una granja de humedad, pero no quiero que parezca que tengo nada contra las pymes.

Se produce un **rechazo de la llamada**. Su tío le dice a Luke que debe ayudar con la cosecha y no puede unirse a la Rebelión.

Cuando intenta comenzar la aventura, las cosas van mal, así que necesita una **ayuda sobrenatural**, en este caso el rescate de Obi-Wan.

El héroe necesita poder desenvolverse en el mundo especial, distinto a todo lo que él conoce. Por eso se produce la **entrega de la espada**, un elemento que le va a permitir sobrevivir. Puede ser un consejo, un libro, o en este caso... literalmente una espada[5].

Ahora el héroe puede **cruzar el primer umbral**, que en *Star Wars* ocurre cuando el *Halcón Milenario* escapa de Tatooine. Ahora el héroe está, como Jonás en la Biblia, en el **vientre de la ballena**, y no puede escapar a la aventura.

Comienza a encontrar **pruebas, aliados, enemigos**, es decir, Han, Chewie y los distintos peligros que se suceden hasta que se produce el **encuentro con la diosa**[6], que es Leia.

Antes o después del encuentro con la diosa se producirá el **descenso a la caverna más oscura**, el momento en el que parece que todo se va a ir a tomar por saco. Lucas, al contrario que el libro que fusila para escribir esto, coloca el descenso después del encuentro. Tolkien, el fusilado, lo coloca antes[7].

---

5 Láser.

6 Esta parte simboliza el encuentro del héroe o la heroína con el lado femenino de su aventura, siempre en positivo.

7 En *El Señor de los Anillos*, Moria significa el descenso a la caverna más oscura. Supongo que porque descienden a una caverna muy oscura, donde Gandalf

Ello nos llevará a un **encuentro con el padre** [8]. Es un encuentro con el responsable negativo de que el héroe esté allí, es decir, el villano al que hay que destruir. Luke mira a Darth Vader desde el otro lado del hangar y ve morir a su maestro [9].

Toca regresar a casa, pero para ello hay que resolver el pequeño detalle de destruir la Estrella de la Muerte [10]. Y eso hay que hacerlo mediante el **vuelo mágico**, el momento en el que el héroe ya domina sus habilidades, pega un pepinazo con los torpedos gracias a la Fuerza y se convierte en el **amo de los dos mundos** (el especial y el ordinario), antes de **regresar a casa con la recompensa**.

Fácil, ¿no? Bueno, hizo falta que George Lucas descubriese que Campbell había reseñado todos los pasos. Antes de eso, todos los escritores seguían el viaje del héroe de forma inconsciente. Después de que Lucas lo popularizara, es una estructura imprescindible [11]. Por supuesto, por sí sola no vale de nada si no hay un gran escritor detrás. O, como en el guión de *Star Wars*, dos: George Lucas y J. R. R. Tolkien.

---

comprueba la ley de la gravedad por las bravas en el puente de Khazad-dûm, no puedes pasar y tal. Al salir, los que quedan se encuentran con la diosa, que es, por supuesto, Galadriel.

8 Que no tiene por qué ser el padre padre, ya sabéis, papá pone una semillita en mamá, etcétera.

9 Como Gandalf en Moria. Casualidades.

10 Tarea rutinaria para Han Solo y compañía, ya llevan tres.

11 La tienes en *El Quijote* y también en *Pretty Woman*. Lo siento, la vida es dura.

EL SEÑOR DE LOS ANILLOS DE GEONOSIS

George Lucas era un gran enamorado de los libros de *El Señor de los Anillos*; lo que hizo realmente al inventarse su galaxia fue crear una especie de Tierra Media en la que colocar esas múltiples razas para que convivan (como ocurre en la obra de Tolkien) e inventarles sus propios lenguajes y costumbres.

Años más tarde, tras el éxito de *Star Wars*, Lucas trató de ser el primero en llevar al cine *El Señor de los Anillos*. Al no conseguir que los herederos de Tolkien le vendieran los derechos de la obra, inventó su propia epopeya fantástica. ¿Te acuerdas de *Willow*? Pues era la venganza de George Lucas por no poder adaptar *El Señor de los Anillos*. Segunda venganza.

Un consejo: si viene algún día Lucas a tu casa a pedirte los derechos, yo qué sé, de tus redacciones del cole sobre tus vacaciones de verano, véndeselos, hazme caso.

EL HIJO DEL VAQUERO

Ya con la historia más o menos clara, Lucas comenzó a visitar los estudios, pero United Artists le pedía que dirigiera antes otra película sobre el paso de la juventud a la madurez, como *American graffiti*, y él no quería repetirse. Acudió también a la Disney, que ni siquiera lo recibió porque dijo que era muy cara (3125 millones de dólares han acabado pagando por comprar Lucasfilms, los muy espabilaos).

Sin embargo, un ejecutivo de la FOX, Alan Ladd Jr., leyó el proyecto y le interesó tanto como para concederle una entrevista.

Alan Ladd Jr. era, como su propio nombre indica, hijo del gran actor Alan Ladd, una estrella de cine hoy muy olvidada excepto por su papel en *Shane*. Y era, por él y por su padre, suficientemente reconocido en FOX como para que, a pesar de que el resto de los socios no veían nada claro ese rodaje, acabaran cediendo a firmarle a Lucas un acuerdo que haría historia.

ME QUEDO LOS MUÑECOS

Como el contrato se hizo a regañadientes por parte de la FOX, el sueldo que le ofrecieron a Lucas era sensiblemente más bajo que el que normalmente se pagaba a cualquier director, concretamente 151000 dólares. Lucas estuvo de acuerdo en cobrar tan poco a cambio de añadir una cláusula: él se quedaría con los derechos de los productos derivados de la película. Los ejecutivos de la FOX dijeron que tenían que ir al baño, se rieron todos juntos mientras meaban de lo pardillo que era el barbas ese y volvieron a decirle que por supuesto, que lo aceptaban.

Para entender bien a los meones de la FOX, hay que aclarar que antes de *Star Wars* las películas no generaban *merchandising*; había un presupuesto para ello que era muy pequeño y que se dedicaba básicamente a hacer gorras o camisetas que se repartían entre el equipo en la fiesta de fin de rodaje como un regalito de recuerdo. No había prácticamente muñecos, ropa, cómics, etcétera, que surgieran de una película y se vendieran en las tiendas, tampoco era nada habitual hacer secuelas de los éxitos y, por si fuera poco, ellos pensaban que estaban firmando un futuro fracaso. Y por eso los ejecutivos pensaron que lo estaban engañando con una gominola dándole ese poder.

Los datos que pongo ahora son de 2012, pero sirven para hacerse una idea de la cagada de los meones:

Ganancias totales de *Star Wars*

27 000 000 000 $

Películas

Episodio I. *La amenaza fantasma*	924 317 558 $
Episodio II. *El ataque de los clones*	649 398 328 $
Episodio III. *La venganza de los Sith*	848 754 768 $
Episodio IV. *Una nueva esperanza*	775 398 007 $
Episodio V. *El Imperio contraataca*	538 375 067 $
Episodio VI. *El retorno del Jedi*	475 106 177 $
Las Guerras Clon	68 282 844 $
Recaudación total en taquilla	**4 277 000 000 $**

DVD

Ventas	2 900 000 000 $
Alquiler	875 000 000 $

Juguetes

Kenner (1978-1985) 90 figuras

300 millones de unidades vendidas   3 850 000 000 $

Hasbro (1995-2011) 15 colecciones   5 537 000 000 $

Otros   2 720 000 000 $

Libros

358 títulos publicados / 76 autores diferentes

    1 820 000 000 $

Videojuegos

130 títulos diferentes   2 900 000 000 $

Otros

Licencias   625 000 000 $

Televisión

4 temporadas de «Clone Wars»   4 500 000 $

Merchandising   675 000 000 $

El rodaje de la primera película es tan épico que mola que le cuentes a tu cuñao algunas de las cosas que ocurrieron allí, por eso le hemos dedicado un capítulo especial.

EPISODIO V:

MUCHACHO, ¿TIENES IDEA DE LO QUE ESTÁS HACIENDO?

EL RODAJE DE *STAR WARS*

Cuando Alec Guinness, una institución del cine y el teatro inglés, un hombre que había rodado *Lawrence de Arabia* con David Lean, se vio hablando con muñequitos e interpretando delante de una pantalla azul mientras le decían que luego ahí pondrían un decorado, no tuvo otra que acercarse a Lucas y decirle: «Muchacho, ¿tienes idea de lo que estás haciendo?». Guinness tenía muy claro que aquella película iba a ser un verdadero desastre, de hecho, estaba tan seguro que, para aceptar el papel, exigió cobrar el 2 % de los ingresos brutos de taquilla. Murió millonario debido a ello, con una fortuna de 95 millones de dólares conseguida gracias a la película.

ESPAÑA, ESPAÑA, ESPAÑA... UYYYYYY

La primera trilogía de *Star Wars* se rodó en Inglaterra, en los mismos estudios donde se filman las películas de James Bond, los Elstree. Esto puede resultar curioso si se piensa que todos los de la producción vivían en Hollywood y podían rodar en los estudios de la FOX.

Sin embargo, la película necesitaba exteriores en el desierto que estaban previstos en Turquía y África, y, como tenían tan poquita pasta, decidieron ahorrar rodando el resto en Europa, que está más cerca, en lugar de tener que llevar a todo el equipo de vuelta a Hollywood.

George Lucas y Gary Kurtz tenían en mente tres opciones: 1. Inglaterra, 2. España, 3.Yugoslavia. Uyyyyyyyyy.

EL IMPERIO DE LA ROÑA

Al llegar al desierto, lo primero que hizo Alec Guinness fue agacharse, recoger arena y ensuciar su túnica, puesto que su personaje debía ser un ermitaño que vivía pobremente allí. George Lucas lo vio y ordenó que todo debía lucir usado y polvoriento.

Y ésa sería otra de las novedades de esta película, aunque pueda parecer increíble: mostrar suciedad. Hasta ese momento, en las películas de ciencia ficción las naves aparecían siempre impolutas, como recién sacadas del concesionario. Incluso en la serie en la que se basa *Star Wars*, como hemos visto, las naves que aparecían olían a nuevo. Así se prepararon también las maquetas de *Star Wars* hasta que Lucas pidió roña.

La estética de la roña sorprendió al público porque cada nave contaba una historia, tenía un pasado.

A tomar esta decisión ayudó que Lucas tenía ya pensado que esta historia iba a tener unas películas anteriores, lo que serían las precuelas, y que ésta empezaba justo después de que la galaxia hubiese pasado por una guerra tremenda y se encontraba dominada por el Imperio que la había llevado a la pobreza, con lo que tenía mucha lógica que estuvieran todas muy castigadas. Si queréis quedar muy pro, a este método se le llama «realidad desgastada».

SESEÑA SKYWALKER

Muchos de los edificios construidos para ser utilizados en Tatooine se mantienen en pie en Túnez. De hecho, algunos de ellos todavía son utilizados por los lugareños; seguro que en alguno de ellos hay un chino que cierra tarde y vende tabaco bajo cuerda.

PUES BUENO SOY YO

Mark Hamill y Harrison Ford fueron a comer juntos, Harrison estaba con el guión, repleto de correcciones y frases sobrescritas, y Hamill se dio cuenta de que Harrison había improvisado el diálogo en varias escenas, por lo que decidió imitarlo para fastidiar a Lucas. Durante la escena en la que entran al bloque de detención, Luke debía decir una serie de números, en lugar de eso dijo «1138», en referencia a la primera película de Lucas. El director le dijo: «No hagas eso, debes decir lo que dice el guión». Repitieron la toma como cuatro veces y Mark Hamill siguió repitiendo «1138», hasta que finalmente quedó en la película como el número de celda en que está encerrada la princesa Leia.

MARDJI, LA MUSA ELEFANTA

Mardji era una elefanta de veintidós años que hizo las escenas del bantha, esos animales gigantes sobre los que iban montados los que atacan a Luke antes de que lo salve Obi-Wan. De hecho, como sólo tenían pasta para contratar a un elefante, *Mardji* tuvo que interpretar a los dos bantha que aparecen en la película. Durante las dos semanas que duró ese rodaje, el equipo se enamoró de *Mardji*. Tanto que, en *El Imperio contraataca*, cuando tuvieron que filmar a un elefante para copiar sus pasos en los movimientos de los AT-AT, volvieron a filmar a *Mardji* para que, aunque sólo fueran sus pasos, volviera a aparecer en la saga.

CALIFORNIA: MALDITOS PERROFLAUTAS

Mientras Lucas rodaba en Inglaterra, en el estudio de efectos visuales ilm había un equipo de rodaje que se encargaba de ir construyendo las naves, las maquetas y de ir rodando las escenas de efectos especiales.

Aquel grupo estaba al mando del bohemio John Dykstra, y su método de trabajo tenía espantados a los bienolientes de la FOX. Allí se trabajaba de boca en boca, sin *memos*, sin planillas, cada uno sabía lo que tenía que hacer. Comenzaron a llamarlo el *Country Club*, ya que no había aire acondicionado y la temperatura en ambos estudios rondaba los cien grados debido a las potentes luces.

Construyeron una piscina casera fuera del estudio, el lugar estaba lleno de empleados melenudos y barbudos malolientes, con aroma a gimnasio de colegio.

En los pocos momentos de relajación, el espacio era usado como sala de baile, y por la noche veían películas mientras comían pizza. Ocasionalmente ponían alguna que otra porno, a pesar de que en el grupo había varias chicas.

Los viernes era la noche de lanzamiento de naves: tomaban algunas naves viejas o modelos sin terminar o en desuso para hacerlos arder. Muchos pasaban la noche en ILM en sus sacos de dormir.

EL ACCIDENTE LABORAL MÁS TONTO DE LA HISTORIA DEL CINE

John Dykstra estuvo a punto de cortarse el cuello con un rollo de película, lo que hubiera sido una de las muertes más ridículas de la historia del cine. Estaba revisando unas escenas en la moviola y a medida que iba pasando la cinta, la iba enroscando en su cuello. En determinado momento él solito activó la moviola sin darse cuenta y el rollo de celuloide por poco lo decapita. Un genio. A partir de ese momento aprendió, y en vez de en el cuello, lo enrollaba en… no, ahí tampoco.

ME SUENA TU CARA

Peter Diamond, Reg Harding y Colin Skeaping fueron bautizados como «los tres chiflados de *Star Wars*», ya que los tres aparecieron quince veces durante la película, casi siempre como personajes de fondo, en segundo plano.

MEDALLAS PARA (CASI) TODOS

Se utilizaron 250 extras para la escena final. Había tanta gente que ni con todos los trajes de rebeldes de los que disponían bastaba, así que tuvieron que buscar en tiendas de trajes militares y consiguieron trajes de marines color verde oliva y uniformes color kaki de la legión extranjera francesa.

George Lucas había ordenado que ningún traje de la película tuviera botones, pero para la escena final tuvieron que obviar esa orden y los extras con trajes a botones fueron ubicados al final del decorado para que no los viera el jefe. 🔁

EPISODIO VI:

¿QUÉ MIERDA ES ESO DE LA FUERZA?

ANTES DEL ESTRENO

CON AMIGOS ASÍ...

George Lucas organizó una proyección privada en febrero de 1977, a la que concurrieron todo el club de los barbas: Francis Ford Coppola, Martin Scorsese, Brian De Palma y Steven Spielberg. Un poco como cuando juntas a tus colegas para enseñarles el vídeo de tus vacaciones, cuñao. Las reacciones fueron parecidas a las que suelen tener tus vídeos.

Cuando acabó la proyección, Brian De Palma, que nunca ganará un premio a la elegancia, le preguntó a Lucas textualmente: «¿Qué es toda esa mierda sobre la Fuerza? ¿Donde está la sangre en los tiroteos?».

Martin Scorsese estaba convencido de que sería el punto de partida de una extraordinaria revolución tecnológica, incluso en el mundo de los videojuegos, y dijo cosas como «A partir de ahora, cuando quiera saber qué pasará en el futuro del cine no necesitaré viajar en el tiempo, te preguntaré a ti».

Por otra parte, Francis Ford Coppola propuso algunos cambios en el orden de las escenas.

El único que estaba entusiasmado era Steven Spielberg, que dijo que era «la mejor película jamás realizada» y auguró que iba a ser la película más taquillera del año. Lucas le dijo que no iba a serlo porque la más taquillera sería *Encuentros en la tercera fase*, que Spielberg estaba a punto de estrenar.

Y lo que pasa con estas cosas, te picas, te picas... A que no hay huevos... Acabaron apostando. El que lograra la mayor recaudación del año pagaría al otro un porcentaje de los ingresos de ésa y todas las secuelas que salieran de ella.

Todavía recibe Spielberg su comisión por cada una de las películas de *Star Wars* que se estrena, lo cual le viene muy bien, porque se le ve que va tieso para llegar a fin de mes.

STARLETS WARS

El tráiler oficial de la película no le gustó nada a los ejecutivos de FOX, incluso pidieron el cambio de nombre para la película, ya que el público podría relacionarlo con las *starlets* de Hollywood (*starlet* era la manera despectiva de llamar a aquellas jóvenes de cabello platino que ansiaban llegar a ser estrellas de cine a cualquier coste, como fue en su momento Marilyn Monroe). Para los ejecutivos de la FOX, *Star Wars* sonaba más a una pelea en el barro que a una batalla espacial.

Por cierto, hablando de títulos, aquí le puedes comentar la somera cagada que fue la traducción del título en español. Hoy ya no podemos cambiarlo, pero eso de *La guerra de las galaxias* es la mayor chorrada que se ha podido poner de título (bueno, quizá después de: *Soñando, soñando... triunfé patinando*). Básicamente porque *La guerra de las galaxias* no es lo que sucede en la película, es una sola galaxia la que aparece en la saga y la guerra es entre algunos de los planetas que están dentro de ella, pero no hay guerra de galaxias. El título correcto podría haber sido *La guerra de las estrellas* (pero podía haber parecido «Gran Hermano Vip») o, más ajustado, *La batalla de los planetas*, pero ese título ya se lo había robado el Comando G.

En general, el tráiler no fue bien recibido por el público. Le hacían bromas a Lucas porque había sonido en el espacio exterior, él se defendía: «Entonces pondremos una pequeña plataforma flotando en el espacio con una orquesta para que la cosa tenga más sentido».

Después del tráiler, se organizó un preestreno para que los meones de la FOX vieran en qué habían gastado su pasta. Alan Ladd Jr. fue con su esposa y con el productor Gareth Wigan, y me imagino que con un casco esperando los golpes que le iban a dar cuando acabara. En un momento de la proyección, Wigan rompió en tremendo llanto mientras George Lucas lo veía y pensaba que lloraba de lo mala que le estaba pareciendo: «No puede ser —se decía a sí mismo—. Un ejecutivo de Hollywood nunca reacciona así, esto es muy extraño».

Sin embargo, eran lágrimas de emoción; cuando acabó la proyección, se acercó a Lucas y le dijo: «Éste es el mejor film que he visto en mi vida». Cuando Gareth volvió a casa reunió a su familia y les dijo: «Es el día más extraordinario de mi vida». Sus hijos lo escucharon con los ojos enrojecidos no de la emoción sino del sueño que tenían porque su padre los había despertado. 🎬

EPISODIO VII:

MAY THE FORCE
BE WITH YOU

EL ESTRENO

QUIERO COLAS

Tampoco con la fecha de estreno se ponían de acuerdo Lucas y los meones de la FOX. La idea de Lucas era estrenar en mayo, algo muy inusual para la época. Normalmente los grandes estrenos eran en Navidad o el fin de semana del 4 de julio, pero él quería estrenarla en mayo, aprovechando el fin de semana del Memorial Day. El estudio se opuso porque los niños tenían vacaciones en el cole en esa fecha, a lo que Lucas contestó: «No quiero que los niños salgan de la escuela, quiero que vayan a ver la película y luego circule el comentario de boca en boca. Quiero colas en las puertas de los cines».

Otra pelea con el estudio era el texto de presentación, las letritas del principio. FOX quería una voz en off leyendo el texto, puesto que se trataba de un público mayoritariamente infantil, pero Lucas les contestó: «Los chicos tendrán que aprender a leer tarde o temprano, así que quizá *Star Wars* sea un buen incentivo».

Y SE FORMÓ LA GOZADERA

El estreno comercial en Estados Unidos fue el 25 de mayo de 1977, por eso es ésa la fecha en la que cada año se celebra el Día del Orgullo Friki en todo el mundo.

Se estrenó en treinta y dos salas, y el 26 de mayo se agregaron cuatro más... Y el 27 de mayo diez salas más pidieron exhibir la película, hasta el punto de llegar a las cincuenta.

La gente enloquecía viendo la película. Salían del cine y se colocaban de nuevo en la cola para volver a verla. A partir de ese momento el mundo del celuloide ya no volvería a ser el mismo.

Mientras tanto, George Lucas no se enteraba de nada porque estaba ocupado terminando la cuarta mezcla final de sonido monoaural. «Terminamos la versión estéreo que FOX tanto resistió y nos dedicamos a la monoaural para la mayoría de las salas de cine. Así que estuvimos mezclando sonido toda la noche. Mi esposa estaba trabajando en *New York, New York* y yo en *Star Wars*, ella de día y yo de noche, nos quedamos en un piso que ella tenía en Hollywood. Recuerdo que un día fuimos a comer unas hamburguesas y vimos toda una multitud en el Teatro Chino, ni siquiera sabía que era para ver mi película, ni siquiera sabía que se había estrenado, puesto que continuaba trabajando en ella. Después de la sorpresa inicial me di cuenta que eran las seis de la tarde y debía regresar al estudio para finalizar la mezcla de sonido.»

George Lucas recibió por parte del estudio una penalización de 15000 dólares, que fueron descontados de su salario, por sobrepasar el presupuesto. No le importó, ya era millonario.

EPISODIO VIII:

LAS PELÍCULAS CONTADAS A TU CUÑAO
STAR WARS EN POTITO

EPISODIO IV
UNA NUEVA ESPERANZA

Hace mucho tiempo en una galaxia muy, muy lejana....

Nos encontramos en un periodo de guerra civil. Las naves espaciales rebeldes, atacando desde una base oculta, han logrado su primera victoria contra el malvado Imperio Galáctico.

Durante la batalla, los espías rebeldes han conseguido apoderarse de los planos secretos del arma total y definitiva del Imperio, la ESTRELLA DE LA MUERTE, una estación espacial acorazada, llevando en sí potencia suficiente para destruir a un planeta entero.

Perseguida por los siniestros agentes del Imperio, la Princesa Leia vuela hacia su patria, a bordo de su nave espacial, llevando consigo los planos robados, que pueden salvar a su pueblo y devolver la libertad a la galaxia....

El espacio, vemos unos planetas, una nave cruza la pantalla y nos damos cuenta de que le están disparando. Otra nave gigantesca aparece detrás de ella persiguiéndola y disparándole rayos láser.

La nave pequeña es donde va Leia, la princesa que lucha por la República, la que lleva ensaimadas en la cabeza; la nave gigantesca es donde van los malos del Imperio.

Vemos la nave de los buenos por dentro, los soldados se preparan para ser abordados. Vemos a dos robots por los pasillos, son R2-D2 y C-3PO.

La nave pequeña es absorbida por el campo de fuerza de la grande (una especie de imanes a lo bestia). ¡¡La nave de la princesa ha sido capturada!!

La puerta de la nave revienta. Unos tíos con armadura blanca y un casco raro, las tropas de asalto del Imperio o *stormtroopers*, entran disparando; los soldados rebeldes responden al ataque. El pasillo parece el del Ave Madrid-Sevilla en abril, pero aquí los tiros que se meten son reales.

Los buenos caen como moscas, los robots intentan encontrar a la princesa para protegerla. Del fondo del pasillo aparece, por primera vez en la historia del cine, Darth Vader, uno de los personajes más icónicos jamás creados. Aquí está bien que paremos un poco y le demos información antes de que le estalle un ojo de la emoción.

Vader va buscando a la princesa, pero los robots la han encontrado antes, vemos cómo Leia introduce algo debajo del ojo de R2-D2 y parece grabar algo en él aprovechando ese ojo como una cámara.

Vader sigue buscando a la princesa, no tiene reparo en cargarse a cualquiera para que le diga dónde está y cómo puede encontrar los planos de la Estrella de la Muerte que ha robado. Los robots, mientras tanto, escapan en una nave auxiliar, R2 tiene los planos que busca Vader y debe huir con ellos antes de que los recuperen.

Leia es capturada y llevada frente a Vader.

Vader pide a Leia que le dé los planos, ella se niega, es acusada de traición y encarcelada. Vader se entera de que los planos no están en la nave y de que una pequeña cápsula salió de ella antes de capturar a la princesa. Vader manda a sus tropas al planeta más cercano a buscar esos malditos planos.

Estamos en el planeta Tatooine, un planeta muy secote, un planeta donde el de los briconsejos de jardinería de «Bricomanía» se comería los mocos con el programa, un desierto por el que vemos las figuras de C-3PO y R2-D2.

C-3PO y R2-D2 son un poco como los viejos de «Matrimoniadas» o como los de Ciudadanos: se ponen a discutir sobre si ir a la derecha o a la izquierda y se acaban separando para hacer cada uno el camino que quiere.

Entonces aparecen los jawas, que son como unas ratas con los ojos brillantes que los capturan y los meten en una nave con más robots. Los jawas son chatarreros del desierto que van cogiendo robots abandonados y luego los van ofreciendo por las casas en plan: «Lo robamos por la noche, lo vendemos por la mañana».

Los jawas llegan a casa de Owen Lars y de su sobrino Luke Skywalker a ver si les colocan algún robot. Después de mucho regateo y mucho «ni pa' ti ni pa' mí» y mucho «dámelo tiernito que es para un enfermo» se quedan con C-3PO y R2-D2.

Luke, que es un muchacho que está harto de plantar patatas galácticas en la granja y que lo que quiere es irse de Erasmus para ser piloto, se lleva a los robots a pasarles la ITV. Mientras está quitándole la roña de las legañas a R2, salta el mensaje que había grabado la princesa Leia. Un poco como cuando tú te pones a tocar el móvil y acabas mandándole la foto del negro del WhatsApp a tu jefe.

–Ayúdame, Obi-Wan Kenobi, tú eres mi única esperanza.

A Luke le suena que hay un viejo loco por el desierto que se hace llamar Ben Kenobi y, como es un muchacho que no tiene nada suyo, se pone a buscarlo para devolverle su robot, pero se encuentra a los moradores de las arenas, unas malas bestias que están por el desierto nada más que para armar bronca en plan *hooligans*. Pero Ben Kenobi los rescata antes de que dejen a los robots para venderlos al peso.

El tal Ben Kenobi resulta ser un *homeless* que vive por allí por el desierto y que deja un rato el carrito del supermercado lleno de latas para contarle a Luke que es un Jedi. Los Jedi eran una especie de samuráis que luchaban contra los malosos del Imperio y que, cuando las cosas se pusieron más feas que el final de «Los Serrano», tuvieron que esconderse. Vamos, que Luke Skywalker es un poco como Bruce Lee, pero que no sabe que lo es.

Obi-Wan también le dice a Luke que su padre era un Jedi llamado Anakin Skywalker, que peleó junto a él en las Guerras Clon y que un tal Darth Vader lo mató, y le da un sable láser que le perteneció en su día.

Al ver el mensaje holográfico de la princesa Leia, Kenobi le ofrece a Luke la posibilidad de acompañarlo en su viaje a Alderaan para entregar al robot R2-D2 a la Alianza Rebelde, donde le enseñará todo sobre la Fuerza, una especie de superpoder que tienen los Jedi y que piensa que Luke puede dominar.

Luke le dice que no puede porque tiene que ayudar a sus tíos, pero no sabe que las fuerzas del Imperio, buscando a los droides, han encontrado la granja de sus tíos y la han quemado con ellos dentro. Cuando Luke descubre que lo que queda de sus tíos no da ni para hacer una barbacoa, decide acompañar a Obi-Wan.

Como necesitan una nave para ir a rescatar a la princesa, se van a la ciudad, a una cantina, a buscar a un cazarrecompensas que se llama Han Solo.

¡¡El Indiana Jones!!

Lo contratan a él y a su compañero Chewbacca.

¡¡El perro!!

Es un Wookie

¡¡¡EL PERRO!!!

Sí el perro.

En la taberna, Solo tiene una discusión con una mosca verde (esto es *Star Wars*, vete acostumbrado a estas cosas) porque al parecer debe dinero a un tal Jabba el Hutt. Se monta un tiroteo y la mosca muere.

Una vez que convencen a Solo a base de enseñarle la pasta, cogen el *Halcón Milenario*. Juntos van a la nave donde tienen prisionera a la princesa mientras juegan a una especie de ajedrez con unos muñequitos que son como Hulk Hogan y John Cena llegando de botellón.

Luke ensaya para convertirse en un Jedi intentando interceptar con la espada láser de su padre los rayos que le lanza una pelotita; no matan, pero molestan muchísimo.

Pero de repente son absorbidos por la nave imperial de Vader y no les queda otra que liarse a tiros para tratar de encontrar a la princesa. Después de disfrazarse de soldados imperiales rescatan a la bienpeinada, que resulta ser una tía con peor genio que Chicote visitando un kebab de barrio.

La princesa les ayuda a escapar, aunque en medio de la huida caen en el compactador de basura que está a punto de hacer con ellos un tartar de wookie.

Mientras ellos tratan de salvar a Leia, Obi-Wan se ha infiltrado en la nave para liberar el *Halcón Milenario* de los escudos que lo mantienen prisionero y que puedan huir. Pero antes de salir, Darth Vader, el que habla como si necesitara un ventolín, descubre al abuelo Kenobi y tienen un duelo de espadas láser. Como Kenobi ya es un señor muy mayor que está más para ver obras que para pelearse con espadas, Vader le da Palmolive. ¿O no?

Los demás han conseguido escapar en el *Halcón Milenario*. Luke está triste por la muerte de Obi-Wan y porque ya se ha quedado sin profesor que le enseñe a ser un Jedi, y Leia está mosqueada porque, según ella, ha sido demasiado fácil escapar. Y no le falta razón, son el Imperio y ellos sólo cuatro mataos. Los soldados han demostrado tener tan mala puntería que, en una feria, sólo podrían ganar algo matando al dueño de la caseta de tiro mientras intentan darle a los palillos.

En realidad, las tropas colocaron un sistema de rastreo dentro del *Halcón Milenario*, por petición de Darth Vader, para encontrar el sistema estelar donde se oculta la base rebelde, en Yavin 4, que ahora está ahora en peligro.

Allí todos los técnicos están estudiando los planos de la Estrella de la Muerte y descubren que tiene un punto débil. Concretamente una ventanilla de ventilación de menos de dos metros de ancho. Esto a la gente le suele valer para meterse con *Star Wars* y decir que cómo es posible que tirando un torpedo por ahí se destruya toda la Estrella de la Muerte, pero es el momento de recordarle a tu cuñao que el *Titanic* se hundió por una rajita y si no lo entiende, le puedes decir que por lo mismo se suelen hundir matrimonios de toda la vida.

Todas las tropas se montan en sus naves espaciales para tratar de alcanzar la rajita menos Han Solo, que pide su pasta por el rescate de la princesa y se marcha a hacer sus cosas de contrabandista.

Ya en el espacio, Luke es perseguido por Darth Vader, pero justo antes de que Vader le dé, aparece Han Solo con el *Halcón Milenario* y ayuda a Luke dejándole el camino libre para destruir la estación espacial. Porque es Han Solo, y Han Solo mola y va de chulito, pero luego tiene el corazón de gominola.

Cuando Luke se está acercando a la rajita, escucha la voz de Ben Kenobi, que le dice que use la Fuerza. Luke desconecta su ordenador, se concentra como para enhebrar una aguja y con un disparo logra colar el torpedo en la rajita (estoy llevando demasiado lejos la metáfora, lo sé) y, por fin, destruir la Estrella de la Muerte.

Al final vemos una escena en la que a Han y a Luke la princesa les da una medalla por sus servicios a la causa.

Todo acaba con una música muy épica mientras la gente baila la *Macarena* con las corbatas en la cabeza.

FIN 🉐

Luke Skywalker mira los dos soles gemelos que iluminan Tatooine al principio de la película y sueña con una vida mejor. No hay fotograma que describa mejor *Star Wars* que ése. *Star Wars*, la primera, significa muchas cosas para millones de personas. Es la película que cambió el cine para siempre,[1] supone el inicio de la era de los frikis, y por eso celebramos nuestro día coincidiendo con la fecha de su estreno. No hay palabras para describir la enorme cantidad de sensaciones, de capas superpuestas y de conceptos poderosos que se pueden encontrar en una película como ésta, simplemente irrepetible. Pero sí tenemos esa imagen, la de un campesino pobre en el que cada uno de nosotros podemos vernos reflejados, que sabe que existen mundos mejores, donde la vida puede tener un sentido más elevado de trascendencia. Miles de cuentos de caballeros y princesas lo habían hecho antes. Pero *Star Wars* fijó en la mente de todos que esos cuentos eran, simplemente, verdad. Más reales que la vida.

---

1 Con permiso del *Tiburón* de Spielberg.

CURIOSIDADES DE
UNA NUEVA ESPERANZA

Y PUNTO

Las curiosidades empiezan casi antes de la película. Si te fijas, la leyenda con la que comienzan todas las pelis de la saga: «Hace mucho tiempo, en una galaxia muy, muy lejana....» acaba con unos puntos suspensivos, pero si los cuentas bien, no son tres, como se suele poner, sino cuatro. Esto es así por un motivo muy simple: en el primer pase que se hizo, todavía de prueba y antes del estreno, el encargado de hacer el cartel se equivocó y puso un punto de más. Lucas se dio cuenta del fallo y tomó nota de que se corrigiera antes de su estreno oficial, pero cuando el pase se convirtió en un éxito, Lucas pensó que ese fallo le había dado suerte y decidió convertirlo en un amuleto. En todas las películas de la saga se usan los cuatro puntos haciendo un homenaje a la frase: «Virgencita, que me quede como estoy».

LUCAS EL CHULITO

Otra característica de *Star Wars* es que no empezaba como las otras películas, con los habituales títulos de crédito en los que aparecen los protagonistas, el guionista, el productor... sino que toda esa información aparece al final.

Esto puede parecer una tontería porque ahora muchas pelis son así, pero en aquel momento los sindicatos del cine exigían abrir con esos títulos de crédito. Lucas quería que su película empezara lo antes posible con la acción y se negó a hacerlo. Lo echaron del sindicato por ello y le negaron todas las ayudas que eso suponía, pero Lucas se lo pasó por las puertas de Thannhäuser y no ha vuelto a pertenecer al sindicato desde entonces. Se puede decir que fue el primer productor independiente de verdad, porque lo es porque lo probó y no le gustó.

JEDI *JIDAIGEKI*

La palabra «Jedi» proviene de *jidaigeki*, que es como un género japonés que viene a significar «drama de época». Es un subgénero del teatro kabuki, que es el tipo de teatro de la cultura japonesa, ambientado en la época de los samuráis.

Lucas mencionó en una entrevista que él había visto una *jidaigeki* en la tele mientras estuvo en Japón un año o así antes de que la película se realizase y le gustó la palabra.

¿ES QUE HABLO RUSO?

Muchos de los nombres de las criaturas de *Star Wars* están sacados de la manera de llamar a las cosas en otros idiomas, por ejemplo, Darth Vader es una mezcla de la manera inglesa y holandesa de decir «padre oscuro».

Pero puestos a usar idiomas, Lucas tiró también del ruso: Dos de los nombres de las criaturas se asemejan a las palabras rusas empleadas para designar a dos animales. Chewbacca suena como *sobaka* (perro) y Jabba suena como *zhaba* (sapo).

Una de las cosas más curiosas es ver de dónde salen algunos de los nombres más conocidos de la saga. Aquí vamos a ponerte algunos ejemplos:

Ackbar

Puede venir del musulmán y significaría «grande» (*Allah ackbar*: «Alá es grande»).

Amidala

Amida, del sánscrito *amitabha* («luz infinita»), era una de las principales divinidades del budismo japonés. Se lo representa sentado sobre un loto (*padme*).

Anakin

En el Antiguo Testamento se habla de un grupo de gigantes llamados los anakim. Esto puede estar relacionado con la estatura de Anakin, ya que él era muy alto en su traje de Vader.

Ben (Obi-Wan) Kenobi

El libro *El héroe de las mil caras* menciona de pasada las mitologías de los pueblos del río Obi, en Rusia. El río Obi desemboca en un golfo (el golfo del Obi), y eso en japonés se dice *obi-no wan*.

Darth Maul

Maul es «mordaza» en alemán. Por otro lado, en inglés el verbo *to maul* significa «destrozar».

Dooku

Dooku significa «veneno» en japonés.

Gungan

Gunga es el nombre hindú del río sagrado Ganges. De ser así, un gungan sería un habitante del río Gunga. Rudyard Kipling escribió un poema épico llamado *Gunga Din*.

Han Solo

Han es una derivación antigua del nombre John. Solo viene de solitario o aislado.

Leia Organa

El nombre Lea significa «leona». Organa podría referirse a la naturaleza y la belleza, en contraste con el tecnológico Imperio.

Luke Skywalker

El nombre Luke Skywalker podría ser simplemente un chiste privado de George Lucas. Cuando tomas el nombre y la inicial del apellido obtienes Luke S, o Lucas. Ésta puede haber sido la intención de Lucas desde el principio, pues su nombre iba a ser originalmente Luke Starkiller, que también mantiene la contracción Luke S.

Padawan

Existe una ciudad malaya que se llama así. Está en la isla de Borneo, cerca de la frontera con Indonesia.

Padmé

Padme significa «loto», un símbolo sagrado para los budistas tibetanos, representativo de la pureza.

Palpatine

El nombre del emperador podría provenir del Palatino romano. Ésta es una de las siete colinas de Roma, la primera que se habitó de las siete y la que se convirtió durante el Imperio en la residencia de los emperadores.

Palatino es también sinónimo de «palaciego» y viene de *palatinum* (del palacio de los césares). En inglés, *palatino* se escribe *palatine*, así que estamos a una sola letra del nombre del emperador.

Sith

Podría provenir del árabe *sidi*, «señor», que en castellano evolucionó en cid. Otra teoría es que Sith puede provenir de Seth, el dios egipcio que en los mitos de Horus representaba el mal absoluto.

Qui-Gon Jinn

Qui-Gon es una de las formas de transcribir el nombre de un arte marcial chino: el qigong o chi kung. Este arte marcial chino forma parte del kung fu.

NAVE BUSCA NAVE

Todas las películas comienzan también con la misma imagen. Una nave persigue a otra en el espacio exterior. El impacto que tuvo esa primera imagen del episodio IV fue tal que permanece en todas sus secuelas.

LUKE SKYWILLOW

En un principio Lucas tenía previsto que los tíos de Luke y el propio Luke fueran enanos, seguramente debido a su obsesión con *El Señor de los Anillos*, de la que ya hemos hablado. Le encantaba la idea de tener a un protagonista pequeño como un hobbit. Estas personas de corta estatura han sido muy habituales en la saga, no sólo por el actor que interpreta a R2-D2, sino también por todos los ewok.

LUKE STARKILLER

Durante gran parte de la creación del guión, el apellido de Luke, y por lo tanto de Anakin, era Starkiller. Se cuenta incluso que así se grabó la famosa escena del rescate de Leia, con Mark Hamill diciendo: «Soy Luke Starkiller y estoy aquí para salvarla».

Lucas cambió el nombre durante el rodaje considerando que «asesino de estrellas» no era un buen nombre para un héroe (y no lo es, no nos vamos a engañar).

Luke Starkiller, en el guión original, era un tipo bastante mayor, con barba, general de la Resistencia y muy parecido al George Lucas de la actualidad (quitándole la papada de Jabba).

El apellido de Starkiller no se perdió, aparece muchas veces en el universo extendido y es uno de los homenajes con los que tu cuñao se puede tirar el rollo con sus colegas del *gym*, porque en el episodio VII, ese planeta convertido en una máquina de aniquilar planetas se llama justo así: Starkiller.

OBI-WAN KENOBI... CORAZÓN QUE NO SIENTE

No lo he podido evitar, era uno de los chistes que más gracia me hacían en el cole, porque uno ha sido así de friki toda la vida. Y lo he usado para contar otra curiosidad de esta peli. Por muy raro que nos parezca, dos de los personajes más clásicos de la saga nunca llegaron a encontrarse.

La princesa Leia y Obi-Wan Kenobi en realidad nunca se conocieron. Lo más cerca que llegaron a estar es cuando ella lo ve desde la distancia durante el duelo con espada láser en el que Obi-Wan acabará «colgando los hábitos».

ME DUELE LA CARA DE SER TAN MACHO

Durante la escena del compactador de basura Mark Hamill aguantó de tal manera la respiración que se le reventó una vena de la cara y se le quedó el ojo como a Millán de Martes y Trece. Es por ese motivo que las siguientes tomas son todas enfocando al mismo plano de Hamill.

UPS, PERDÓN

En la escena en la que Luke destruye la Estrella de la Muerte y llega a festejar, le grita a Leia «Carrie» (su verdadero nombre), el fallo se escucha claramente en la película. Sabiendo lo que sabemos de cómo iba Carrie Fisher a rodar, lo raro es que ella no le contestara «¿Ola ke ase?».

TODOS PARA CHEWIE

Para la escena final, cuando Han Solo y Luke Skywalker son condecorados con la medalla al valor y a Chewbacca le hacen un Langui, Lucas se basó en *Los tres mosqueteros*.

HUELE DEMASIADO BIEN PARA SER EL MALO

«Gobernador Tarkin, debí figurarme que usted sujetaba la correa de su fiel perro Vader, noté su repugnante olor a cuervo carroñero en cuanto me trajeron a bordo.»

Carrie Fisher debía decir esta frase con Peter Cushing delante, pero le resultó difícil porque según contó: «El sujeto olía a lavanda y era muy educado y gentil. ¿Cómo podría decirle tremenda cosa?».

Cushing reconoció bañar con perfume de lavanda todo su cuerpo antes de cada actuación, incluso llevaba consigo un tubo de Colgate para lavarse todo el rato los dientes: «Cuando veo películas románticas siempre me pregunto si se habrán lavado bien los dientes».

EL UNIFORME DE ESTAR POR CASA

Siguiendo con Peter Cushing, su uniforme era tan nazi que calzaba unas botas muy ajustadas y acababa el rodaje *matao* de los pies, así que pidió a George Lucas que sólo le sacara de cintura para arriba, a lo que éste accedió. El resto de la película la hizo en zapatillas de andar por casa. Al parecer, el problema era el enorme tamaño de los pies de Cushing, que solía usar calzado a medida. Aunque seguro que, con lo mirado que hemos visto que era, llevaba una pedicura perfecta.

AND THE WINNER IS...

La Academia dio once nominaciones a la película, entregándole finalmente siete estatuillas: el Oscar a la mejor dirección de arte; al mejor diseño de vestuario; a los mejores efectos visuales; al mejor montaje; a la mejor banda sonora; al mejor sonido, y el premio especial al mérito (a Benjamin Burtt, Jr.).

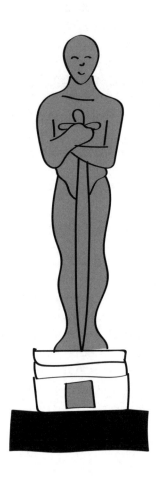

EPISODIO V
EL IMPERIO CONTRAATACA

*Hace mucho tiempo, en una galaxia
muy, muy lejana....*

*Son tiempos adversos para la
Rebelión. Aunque la Estrella de
la Muerte ha sido destruida,
las tropas imperiales han
hecho salir a las fuerzas
rebeldes de sus bases ocultas
y las persiguen a través de
la galaxia.*

*Tras escapar de la terrible
Flota Imperial, un grupo de
guerreros de la libertad,
encabezados por Luke
Skywalker, ha establecido
una nueva base secreta
en el remoto mundo helado
de Hoth.*

*El malvado Lord Darth Vader,
obsesionado por encontrar al
joven Skywalker, ha enviado
miles de sondas espaciales
hacia las infinitas distancias
del espacio....*

Estamos en el planeta Hoth, un planeta donde es una tontería poner una tienda de cubitos de playa porque está completamente congelado. Ahí aparecen una especie de robots que son como calamares que vuelan, enviados por el Imperio para buscar a los rebeldes que destruyeron la Estrella de la Muerte.

En ese planeta está Luke Skywalker, que se ha echado una rebequita por los hombros y ha salido a explorar la zona montado en un animal que pega más en un tiovivo que en un planeta tan chungo y que se llama tauntaun.

Cuando ya ha terminado la ronda y se dispone a volverse a la base a tomarse un sándwich de máquina y un descafeinado con leche en vaso, un animal muy fiero que es como un oso panda hormonado lo ataca y se los lleva, a él y a su tauntaun, a su cueva.

Mientras tanto, en la base, Han Solo está tonteando con Leia en plan: «Que yo sé que te gusto, que me dijo tu amiga que me miras el Facebook para ver mis fotos». Y ella: «Que paso de ti, tío, que me dejes en paz, que yo estoy con lo de luchar con el Imperio y no tengo tiempo para tus cosas».

De repente, C-3PO les anuncia que Luke no ha llegado todavía y que le extraña porque le tiene dicho que le haga una perdida si va a llegar tarde. Han se preocupa y sale a buscarlo a pesar de que hay una tormenta de nieve que te quita las ganas de comerte un Calippo.

En la cueva del wampa, la fiera que los ha capturado, Luke se despierta y ve que está colgado del techo como un jamón de Guijuelo, menos mal que, usando la Fuerza, consigue atraer la espada láser y descolgarse, y luego mata al wampa. Consigue huir, pero se desmaya en medio de la tormenta y oye a Obi-Wan diciéndole que no puede morir, que le viene fatal. Y que busque a un tal Yoda en el planeta Dagobah.

Afortunadamente, Han encuentra a su amigo y aprovecha que el caballo cabezón ha muerto de frío para abrirlo

por la mitad y meter dentro a Luke como si fuera un sándwich mixto mientras él construye un refugio.

Cuando los rescatan, curan a Luke de sus heridas hasta
que alguien descubre al calamar que vuela y avisa de que
los malos del Imperio los han descubierto.

Justo en el momento en que Han Solo, harto de que Leia
le haga la cobra, ha decidido irse a pagar a Jabba el Hutt
la pasta que le debe, el Imperio contraataca (de ahí el título) y se monta una batalla en la nieve en la que los enemigos más peligrosos son los AT-AT, que son esos elefantes
mecánicos que se mueven por la nieve y que será una de
las pocas cosas que conozca tu cuñao, porque es absolutamente mítico.

Los rebeldes se defienden enredando con sus naves
unos cables en los AT-AT para hacerles tropezar. Pero aún
así las tropas del Imperio son muy poderosas y deben huir.

Luke se acuerda de lo que le ha dicho el fantasma de
Obi-Wan y va al planeta ese de Dagobah a buscar al tal
Yoda junto con R2. Los demás escapan en el *Halcón Milenario* y descubren que no le funciona el propulsor para viajar
a la velocidad de la luz.

Luke llega a Dagobah, que es todo lo contrario a Hoth,
un planeta pantanoso donde se ve que hace bochorno todo
el año y hay que dejar todas las puertas de la nave abierta
para que corra un poco de aire. Va buscando a Yoda, que
Obi-Wan le ha dicho que es un gran guerrero, pero a quien
encuentra es a un viejo verde chiquitico que está completamente loco y que habla cambiando el orden de las palabras
en todas las frases, lo cual es un problema si te quieres pre-
sentar a «La ruleta de la fortuna».

Mientras tanto, los del *Halcón Milenario* son perseguidos
por todas las naves malosas del mundo, hasta el punto de
que tienen que meterse en medio de un campo de asteroides para intentar esquivarlos.

Como ven que ni por ésas, encuentran un planeta con un agujero muy profundo y se esconden allí para intentar arreglar la nave y esperar a que Darth Vader se canse de perseguirlos.

Luke va a casa del viejo verde disléxico y éste le vacila todo el rato hasta que le confiesa que él es Yoda y empieza a explicarle lo que es la Fuerza y cómo dominarla.

Solo y todos los demás están ocultos en el agujero hasta que Han se decide a salir y nota cosas raras; no es una cueva: es el estómago de un monstruo gigante que se los ha tragado y está a punto de tomarse un almax y un licor de hierbas para empezar a digerirlos. Salen pitando de allí antes de que el monstruo se limpie con un palillo de dientes sus paluegos. Han ve que la cosa se está poniendo muy chunga y piensa en ir a Ciudad Nube, en el planeta Bespin, a buscar a su colega Lando Calrissian para pedirle ayuda. Lando es el colega malote que todos tuvimos en la juventud, con el que nos corríamos las juergas locas y que, ya cuando te pones a trabajar, en plan serio, acabas poniéndole un WhatsApp en Nochebuena. Han cuenta que ganó el *Halcón Milenario* a Lando en un torneo de sabacc, un juego de cartas. Cuando salen hacia allá vemos cómo Boba Fett, un cazarrecompensas pagado por Vader pero que no gana para hacerle chapa y pintura a su traje, sigue al *Halcón*.

Volvemos a Dagobah, donde Yoda está pensando si entrenar o no a Luke hasta que el fantasma de Obi-Wan se aparece para decirle que es un recomendado suyo y que lo haga. Lo que demuestra que, por mucho que nos pensemos que es una cosa que sólo pasa en España, hasta en el rincón más lejano de la galaxia lo de tener un buen padrino funciona.

Yoda empieza a entrenar a Luke haciendo que lo lleve a la sillita de la reina, y pidiéndole que levante cosas pequeñas, un clip de oficina, una piedra... Cuando ve que ya levanta una botella de dos litros de Fanta sin esfuerzo, le pide que saque la nave en la que ha venido de un pantano en el que se ha quedado hundida.

Luke le dice que no se siente preparado para ello pero que lo intentará, y Yoda le contesta: «Hazlo o no lo hagas, pero no lo intentes», que traducido a lenguaje de madre viene a ser: «A mí no me cuentes si estás estudiando mucho o poco, a mí enséñame las notas cuando salgan y ya veremos si te devuelvo la Play o no».

Justo después de decir esto, Yoda cierra los ojitos, se concentra como para usar una ouija y saca la nave del pantano, básicamente para hacerse el chulo.

Como Yoda ve muy verde a Luke (nótese la ironía) le pone la prueba de entrar en una gruta donde dice que se va a encontrar con sus peores sueños. Luke entra y ve a Darth Vader, lucha con él y consigue derribarlo, pero cuando la

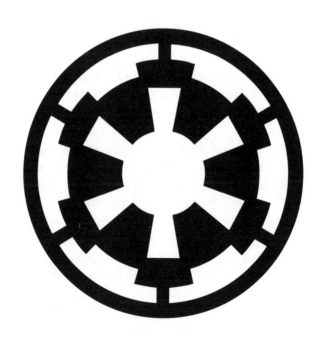

máscara de Vader se rompe por los golpes, Luke ve su propia cara bajo el casco...

(Probablemente aquí tu cuñao se ponga a sudar por el cogote de la cantidad de información que tiene que procesar. Tranquilízale, dile que dentro de muy poco va a entender esta escena tan rara, muy pronto, antes de que le estalle la vena de la frente.)

Mientras Luke las está pasando moradas con Yoda, Leia, Solo, C-3PO y R2-D2 han llegado a Bespin para ver a Lando, que básicamente viste como si a Apollo Creed le hubieran propuesto subirse a una carreta en el desfile del Orgullo.

Lando los recibe de buen rollo y le tira un par de tejazos a Leia, porque se le ve que es un *fucker* a pesar de llevar capita. Solo se mosquea al principio, pero se relaja mucho cuando Leia le dice que su amigo Lando le da muy mala espina.

A la hora de la cena Lando los lleva a un comedor donde se encuentran a Vader sentado a la mesa en plan ola k ase? Lando les ha traicionado, les cuenta que el lord Sith llegó antes que ellos y lo convenció de que se los entregara si quería seguir disfrutando de las ventajas de la Ciudad de las Nubes, que es una especie de Andorra del Imperio, como un decomisos donde los perfumes y los cargadores de móvil salen más baratos porque no pagan iva. Vader los hace prisioneros.

Mientras eso pasa, Luke está cada vez más suelto en eso de manejar la Fuerza, ya es capaz de hacerte girar tres naranjas usando la mente. Yoda le comenta al fantasma de Obi-Wan que aún no está preparado para enfrentarse a Vader, como mucho está preparado para ganarse la vida pidiendo en los semáforos.

Pero Luke, con sus nuevos poderes, ha percibido que sus amigos están en peligro y decide ir a Bespin a rescatarlos. Yoda se queda muy preocupado porque piensa que aún está muy tiernito y que Vader podría conseguir que cayera en el lado oscuro. Luke promete a Yoda que regresará para completar su entrenamiento.

Vader había encontrado a Han Solo gracias al cazarrecompensas Boba Fett, el cual planea entregarlo a Jabba el Hutt por la deuda que Solo tiene con él. Y como Vader pensaba usar las cámaras de congelación en carbonita de Bespin para congelar a Luke y llevárselo al emperador, decide probarlas con Han Solo para que Boba Fett se lo lleve empaquetado como un mueble de Ikea.

Solo es congelado en carbonita y se queda como cuando te hacen una foto saliendo del cine a pleno sol; luego lo sacan rumbo a la *Slave I*, la nave de Boba Fett, para ser llevado ante Jabba en Tatooine.

Luke llega a la Ciudad de las Nubes justo cuando se están llevado a Solo empaquetado y busca a Vader para enfrentarse con él. Éste le trata de convencerle de que se una al lado oscuro y que juntos traerán el equilibrio a la Fuerza.

—Obi-Wan no te dijo lo que le pasó a tu padre.

—Me dijo lo suficiente, que tú lo mataste.

—No... Yo soy tu padre...

Después de descubrir que tienes padre y no contabas con él, es lógico que te tiente el lado oscuro. Porque como tampoco es que le tengas cariño, empiezas a pensar si tendrá perras, si habrá comprado un pisito en la playa, si vas a heredar... Pero Luke, que es de buena pasta, prefiere tirarse al vacío antes que unirse a su padre.

Al final de la película, Lando, que se ha arrepentido de ser un traidor y ha conseguido liberar a Leia y a todos, rescata también a Luke de una muerte segura, colgado de una antena como si hubiera habido un tsunami.

Todos parten rumbo a Tatooine con la misión de encontrar a Boba Fett y rescatar a Han, que está prisionero en las manos de Jabba el Hutt.

FIN 🔴

Si *Una nueva esperanza* supone el inicio de los cuentos de hadas modernos, en el *Imperio* se añade una dimensión completamente inédita, gracias al impecable guion de Lawrence Kasdan. El relato se vuelve oscuro, tenebroso, y al mismo tiempo elevado, con una calidad intrínseca inaudita que sobrepasa los límites del género. Es primario y al mismo tiempo sutil, lleno de significado. En el *Imperio*, todo es perfecto, desde la historia hasta la música,[1] pasando por la creación de una religión nueva, no la de la Fuerza, sino la del amor inquebrantable por las historias. Muy pocas películas o libros han sido capaces de entrar dentro del corazón de los aficionados [2] como *Star Wars*. Si la primera nos abrió la puerta a un nuevo universo, el *Imperio* nos enseñó que ése era nuestro hogar, porque era real. Porque el mal y el bien habitaban en él, al igual que dentro de nosotros mismos. En los oscuros pantanos de Dagobah, Yoda nos enseñó que a *Star Wars* había que amarlo o no amarlo, pero no intentarlo. Y nosotros elegimos lo primero.

---

[1] Tan tan tan tantatán, tantatán. Admítelo, la has cantado en voz alta.

[2] Con la fuerza de los mares, con el ímpetu del viento, en la distancia y en el tiempo. Y me quedo corto.

CURIOSIDADES DE
EL IMPERIO CONTRAATACA

LUCAS RICO, LUCAS POBRE

Poquito le duró a Lucas esa sensación de ir al cajero y no pedir resguardo para ver lo que te queda para pasar el mes. Había acabado tan achicharrado con los meones de la FOX que decidió que las siguientes películas iban a ser suyas completamente (¡¡mi tesssoro!!).

Así que se gastó todo lo que había ganado con *Star Wars* en preparar la peli y, cuando se quedó sin pasta, pidió a un banco el resto del dinero que necesitaba. Si la película hubiera sido un fracaso hoy veríamos a Lucas empujando un carrito de supermercado lleno de latas.

Lucas recuperó su inversión millonaria en los tres meses posteriores al lanzamiento de la película.

UN PASEO POR EL LADO OSCURO

El Imperio contraataca está considerada la mejor película de la saga, un poco como pasó con *El Padrino*. Esta segunda parte consiguió ser más profunda, más intensa y creó una ley que luego se aplicaría casi siempre en todas las trilogías: la segunda parte debe ser más oscura que la primera. Esto es algo que podemos ver en sagas míticas como la de *Regreso al futuro* o la mismísima de *Indiana Jones*.

Consciente de que era un buen creador de mundos pero un mal guionista de películas y peor escritor de diálogos, el guión inicial de George Lucas para *El Imperio contraataca* fue reescrito por dos guionistas de prestigio: la veterana Leigh Brackett, que escribió para Howard Hawks filmes tan legendarios como *Río Bravo* o *El Dorado*, y Lawrence Kasdan, con quien habían creado a Indiana Jones y que acabaría siendo el respetado director de *Fuego en el cuerpo* o *Grand Canyon*. Años más tarde, J. J. Abrams volvería a llamar a Kasdan para escribir el episodio VII.

PROFE, ¿PUEDO IR AL BAÑO?

Tal era el lío que llevaba Lucas con montar su propia productora que decidió no dirigir la película (no, no todas las pelis de *Star Wars* están dirigidas por él). Como director eligió a Irvin Kershner, que había sido su profe en la facultad.

Los actores, sobre todo Harrison Ford y Alec Guinness, que habían acabado hartos de la manera de dirigir de Lucas (más bien de no dirigir, porque siempre ha dicho que no sabe dirigir a actores) estuvieron encantados con la decisión.

UN FRÍO QUE PELA

Lucas pensó que sería buena idea rodar en un planeta helado (Hoth) la batalla inicial de la película, básicamente porque, sobre fondo blanco, se notaban mucho menos los efectos especiales; fue una idea regu.

El rodaje de la escena inicial en el planeta helado se hizo en Noruega con una temperatura de veinte grados bajo cero. Los cámaras tenían que usar guantes porque si tocaban el metal de las grúas las manos se les pegaban a ellas y tenían que separarlas con agua caliente si no querían quedarse sin huellas dactilares. Un poco como tu cuñao cuando chupa la nevera.

El frío llegó a ser tal, que muchas escenas se rodaron directamente desde la entrada del hotel donde se alojaban. Los actores salían a pocos metros a hacer la escena sobre la nieve mientras el equipo los filmaba desde el porche del hotel tomándose un cacaolat calentado en el microondas.

LOS AT-AT, LA MAMÁ DE DUMBO SE CABREA

Los AT-AT son esos monstruos gigantes que avanzan por el desierto y que las naves de la Resistencia tienen que hacer tropezar enredando cables en sus piernas. Ya hemos contado cómo rodaron a la elefanta favorita del equipo para imitar sus movimientos, pero poca gente sabe que están inspirados en una estructura de carga de barcos en un astillero de Oakland, California. Si veis la foto en Google, vais a alucinar.

A WAMPA BULUBA

Mark Hamill tuvo un terrible accidente de coche al final del rodaje del episodio anterior. Cuando se empezó a trabajar

en *El Imperio contraataca*, la cara de Mark aún parecía que se la había maquillado para Halloween. Toda la secuencia inicial de la película se hizo para justificar el nuevo *look* de Hamill. Por eso, en cuanto aparece, un monstruo le arrea un manotazo en la cara.

Por cierto, en esa escena vemos cómo Luke, colgado boca abajo como un bacalao, demuestra que ha mejorado mucho en el uso de la Fuerza y es capaz de atraer su sable láser desde el suelo hasta donde está él. La escena se rodó con Hamill tirando el sable al suelo y luego pasándola hacia atrás como cuando le dábamos al revés a la manivela del cinexín para que Goofy saliera del charco en lugar de caer en él.

HAZTE DONANTE

Los soldados de la Resistencia fueron interpretados por esquiadores de rescate de montaña noruegos. A cambio de este trabajo, George Lucas hizo un donativo a la Cruz Roja de este país.

SOY UNA PATATA DECENTE, SOY UNA PATATA DECENTE

La escena de la tormenta de asteroides fue un infierno para los chicos de los efectos especiales. Lucas venía constantemente, veía su trabajo y les obligaba a cambiarlo todo porque no le gustaba. Hartos de repetirla, en una de las filmaciones uno de los del equipo se quitó una zapatilla y la tiró frente a la cámara; puede verse si paras la película.

Además, hartos de hacer pretecnología para fabricar las rocas, alguien se dio cuenta de que una patata podía pasar perfectamente por un asteroide y sí, si te fijas bien, uno de los terribles asteroides que tiene que esquivar el *Halcón Milenario* es una patata.

DAGOBAH, QUÉ HERMOSA ERES

El planeta de Yoda fue construido en el estudio de Inglaterra. Hubo que hacerlo elevando todo el plató un metro y medio sobre el nivel del suelo para que Frank Oz, el que iba a manejar a Yoda, tuviera espacio suficiente para maniobrar con el muñeco.

La escena en la que R2 es devorado por un monstruo marino fue filmada en la casa de Lucas, en una piscina que aún se estaba construyendo. El equipo movía a las criaturas mientras el propio Lucas manejaba la cámara.

Puedes leer más cosas sobre Yoda en la sección que le hemos dedicado en este libro, pero aquí te contaremos que Lucas quedó tan encantado con la interpretación de Frank Oz que gastó varios millones de dólares para intentar que ganara el Oscar al mejor actor secundario. Los ancianos miembros de la Academia dijeron que no podían nominar a una marioneta, pero una vez más Lucas se adelantaba a su tiempo. A día de hoy, en que cada vez más muchas actuaciones se hacen por el método de *capture motion* (el actor interpreta con una máscara que recoge sus movimientos y luego éstos se transmiten a un muñeco creado por ordenador), estamos más cerca de que un actor gane un Oscar sin haber aparecido físicamente en la pantalla.

Quien más cerca estuvo fue Andy Serkis por su interpretación de Gollum en *El Señor de los Anillos*. Somos muchos los que pensamos que fue injusto que no lo nominaran por el brutal trabajo que hizo en este papel. Perdón, que me he ido. Volvemos a *El Imperio contraataca*.

Al entrar por primera vez en la choza de Yoda, Luke debía darse un coscorrón con la puerta, pero Hamill no lograba que le quedara natural y parecía Mr. Bean. Kershner lo obligó a repetir la escena dieciséis veces, supongo que hasta que se mareó y se lo dio solo.

LA PRINCESA ESTÁ ALEGRE, ¿QUE TENDRÁ LA PRINCESA?

Si en la primera parte Carrie Fisher ya estaba muy metida en la chufla y llegaba al rodaje tan puesta de cosas que las ensaimadas se le rizaban solas, en esta película estaba desatada total.

Al parecer se alojaba en casa de Eric Idle, uno de los Monty Python, y pasaba las noches con ellos y con los Blues Brothers, que dejaban a Charlie Sheen en poco más que un fraile de Erasmus.

Las fotos del rodaje de *El Imperio* son muy significativas, en todas Carrie aparece muerta de risa como tu abuela cuando se toma una copita de coñac en Nochevieja. De este rodaje son las fotos en las que se la ve dejando que

Chewbacca le toque una teta, y no debió de ser el único peludo que lo hizo.

Por cierto, la diferencia de estatura entre Harrison Ford y Carrie Fisher era tremenda, de manera que Fisher tuvo que hacer todas sus escenas con él subida a un cajón, lo cual, teniendo en cuenta cómo iba esta muchacha a rodar, era prácticamente un deporte de riesgo: el cajoning.

LO QUE DIGAN LOS FANS

Dos de los personajes de la película aparecen porque los fans lo pidieron. Uno de ellos fue Boba Fett, el mercenario que había salido en el especial de Navidad (hablamos de él más abajo) y al que Lucas sacó por contentar a la mucha gente que le dijo que querían volver a verlo. Eso sí, su nombre no se dice en toda la película y hay que esperar a los títulos de crédito para leerlo.

La nave de Boba, una de las más amorfas de la historia del cine, está inspirada en una farola que había en la entrada de ilm... Y se nota.

Además, Jeremy Bullock (el actor bajo la máscara de Boba Fett) aparece como extra en la peli enseñando la carita, es el oficial imperial que lleva prisionera a Leia.

El otro personaje fue Wedge Antilles, el mítico guerrero de la Resistencia que participó en la destrucción de la Estrella de la Muerte en el episodio IV. No estaba previsto que Denis Lawson, quien interpreta a Wedge, apareciese en esta entrega, pero el gran interés de los fans impulsó a Lucas a incluirlo. Lo más curioso es que Lawson, escocés, es el tío carnal de Ewan McGregor, quien acabaría interpretando a Obi-Wan Kenobi en las precuelas. No hay nada más lindo que la familia unida.

GUIÓN

No está muy claro de quién fue la idea más conocida de esta película, el momento en que Vader confiesa a Luke que él es su padre, pero Lucas tenía muy claro que iba a provocar un fuerte impacto y cuidó mucho que la sorpresa se viviera en los cines. Sólo seis personas conocían el secreto durante el rodaje, de hecho, pueden verse copias del guión en las que la frase que dice Vader es: «Obi-Wan mató a tu padre». Hasta el propio David Prowse ha contado que ésa fue la frase que él dijo durante la escena y que no fue hasta que vio la película en los cines cuando se enteró del cambio. Algo complicado de creer después de la entrevista en la que destripaba el tema, de la que hablamos en este libro.

La grabación del audio por parte de James Earl Jones fue también digna de una reunión de la cia. Sólo algunos «enterados» estaban en el estudio mientras Lucas se llevaba a Jones aparte para contarle la que iban a liar.

La frase ha quedado como una de las más recordadas de la historia del cine y curiosamente, casi siempre se dice mal.

En este sentido ocurre como otra cita mítica, ésta de *Casablanca*: «Tócala otra vez, Sam». Una frase que nunca se dice en la peli y que la gente cree que aparece porque luego se hizo una obra de teatro (y una película de Woody Allen) con ese nombre.

Éste es un momento de esos callabocas que tanto le molan a tu cuñao. Dile que saque el tema de *Star Wars* en el bar y que, cuando alguien diga «Luke, yo soy tu padre», se puede sacar medio pecho peludo de la camisa y corregir al tipo diciéndole: «En realidad esa frase no se dice en la película. Lo que Vader dice a Luke es: "No. Yo soy tu padre"».

También es verdad que lo mismo a los del bar les da igual.

EL *HALCÓN* Y SU TALLA

Por primera vez en una peli de *Star Wars* se construyó un *Halcón Milenario* a tamaño real. Pesaba 23 toneladas, medía 20 metros de diámetro y tenía 5 metros de altura.

En ninguna de las pelis posteriores se ha vuelto a hacer una maqueta así de grande, al menos hasta que veamos el episodio VIII, donde han vuelto a hacer la machada.

Para la primera película se habían fabricado varias maquetas reducidas de la nave y, cuando acabó el rodaje, los trabajadores de ILM montaron una especie de pira vikinga y las quemaron. ¿Te imaginas lo que se pagaría hoy día por esas maquetas? Lo mismo hasta más de cien euros.

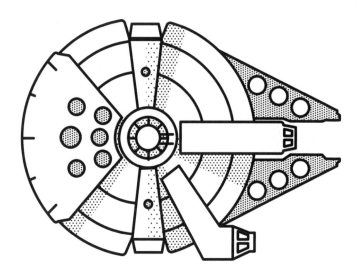

EPISODIO VI
EL RETORNO DEL JEDI

*Hace mucho tiempo, en una galaxia
muy, muy lejana....*

*Luke Skywalker ha regresado a
Tatooine, su planeta de origen,
para intentar rescatar a su
amigo Han Solo de las garras
del malvado Jabba el Hutt.*

*Pero Luke ignora que el IMPERIO
GALÁCTICO ha comenzado en
secreto la construcción de una
nueva estación espacial armada,
más poderosa que la temida
Estrella de la Muerte.*

*Una vez terminada, esta
arma suprema significará la
aniquilación del pequeño grupo
de rebeldes que lucha para
restaurar la libertad en la
galaxia....*

Ha pasado un año desde que estalló la Estrella de la Muerte, pero los del Imperio han metido obreros a turnos chinos y ya tienen casi reconstruida una segunda estrella; sin embargo, Darth Vader no está contento con la velocidad de las obras y le echa la bronca al capataz en plan: «Las cisternas no bajan, están las vitros sin conectar y veo pocos enchufes». Como ve que el encargado no parece preocuparse mucho, Vader hace el truco conocido como «Ten cuidado conmigo, que mi padre es policía» y le dice que el emperador Palpatine está muy enfadado con el ritmo de las obras. Ahí ya el capataz se cuadra y se pone a echarle la bronca a los chinos para que hagan las rozas más rápido y los deja sin Radio Olé hasta que las terminen.

Mientras tanto, Luke, Leia, Chewbacca, R2-D2 y C-3PO llegan a Tatooine para comenzar el plan para liberar a Han Solo, ahora conocido como el Capitán Pescanova del palacio de Jabba. Primero R2-D2 y C-3PO van a ver a Jabba y le ponen un vídeo de Luke que le viene a decir: «O liberas a Han o te meto dos yoyas». Jabba ve esto y se muere de risa, probablemente por el detalle de que, con lo chiquitito que está Luke, cree que si se le pone chulo se lo puede comer mojado en un cola cao. No sólo no les hace ni caso, sino que manda capturar a los droides y se los queda. Lo que se llama un plan sin fisuras, Luke.

Esa noche, mientras la Banda de Max Rebo está tocando, Jabba es cautivado por los movimientos de su esclava Oola. Ella se resiste, por lo que el Hutt, que lleva fatal que le hagan la cobra, la lanza al foso del monstruoso rancor, el cual la devora.

Entonces llega al palacio Leia, disfrazada del cazarrecompensas Boushh, llevando a Chewbacca como un supuesto prisionero para cobrar los honorarios por su captura; vamos, que le faltaba llevar un bigote falso y hablar con voz de señor para parecer las del apedreamiento de *La vida de Brian*.

El wookie es encerrado, y esa noche Leia libera a Han de la carbonita. Sale como un perrillo mojao, pero por lo menos está vivo. Lo malo es que son descubiertos por Jabba y capturados. A Han lo encierran en la misma celda que Chewbacca, y a Leia la fuerzan a ser la nueva esclava de Jabba, en reemplazo de Oola.

La viste como se vestía mi padre en los cruceros la noche de los hombres vestidos de mujer con naranjas en los pechos, y la pone ahí como diciendo: «Baila, que esta noche te voy a dar lo tuyo y lo de tu prima». El segundo plan también ha salido genial. Luke, estás sembrao.

Ya como ve que sus planes infalibles de que los demás salven a Han Solo mientras él se queda viendo «Juego de Tronos» en el móvil han fracasado, Luke se mete en el palacio usando la Fuerza y pide a Jabba que libere a Solo, pero el Hutt pasa de él, y cuando Luke atrae un bláster e intenta dispararle, Jabba es más rápido y lo lanza a la trampa del rancor.

Luke logra sobrevivir y mata al rancor activando una enorme puerta que aplasta a la criatura, pero Jabba, furioso por este hecho, ordena ejecutar a Luke, Han y Chewbacca; a Leia no, por aquello de lo de su prima. Usando a C-3PO como traductor, les comunica que morirán a manos del sarlacc, en el Gran Pozo de Carkoon (aquí está bien recordarte que tengas siempre a mano una caja de juanolas cuando le estés contando esto a tu cuñao, los nombres de *Star Wars* te dejan la garganta más seca que el bolsillo de un autónomo).

Luke, Han y Chewbacca (con Lando disfrazado como guardia de esquife) son llevados al Gran Pozo de Carkoon para ser ejecutados, pero Luke consigue un sable láser que R2-D2 llevaba oculto en su interior y se enfrenta a los guardias. En el combate, Han activa accidentalmente los propulsores del cazarrecompensas Boba Fett, quien sale disparado y cae a la arena, donde lo devora el sarlacc.

Leia, aprovechando la confusión, estrangula a Jabba con la cadena que la retenía como esclava hasta matarlo. Mucha gente dice que esta escena es un poco tonta y que Leia no tiene fuerza para ahorcar a una oruga gigante como Jabba, pero la gente que dice eso no ha sido mirada con ojos golosos por el guarro ese ni se lo han imaginado cerrando la puerta del cuarto y diciendo: «¿Conoces Cuenca?».

Tras liberar a Leia, R2-D2 junto a C-3PO se lanzan desde la barcaza hacia la arena. Han y Chewbacca logran rescatar a Lando, que había quedado colgado del esquife durante la batalla, mientras Leia y Luke apuntan el gran cañón de la cubierta de la barcaza de Jabba y lo disparan. Finalmente saltan al esquife y suben a los droides, logrando escapar antes de que la barcaza explote. Total, que escapan y por fin están juntitos, cosa que dura dos minutos porque inmediatamente los separan. Básicamente porque Lucas es una persona de no parar.

En la Estrella de la Muerte, Palpatine, al que vemos por primera vez y, por decirlo suavemente, descubrimos que es una persona que no se da crema hidratante después de la ducha, pide hora al dermatólogo y felicita a Vader por los avances en la construcción. Se conoce que después de la bronca al encargado, los chinos han espabilado y ya están poniendo los agarres para los tendederos y todo. También le dice que debe continuar la búsqueda de su hijo, Luke. Además, el emperador le asegura a su aprendiz que todo está saliendo como lo ha planeado.

Al llegar a Dagobah, Luke y R2-D2 se encuentran con Yoda muy malito, como ese vecino que un día te lo encuentras en el ascensor y piensas «qué bajón ha dado este hombre, si estaba lleno de vida». Yoda ha pasado de verde pera a verde figurita de Virgen fluorescente y le queda menos de vida que de belleza.

Luke le dice que ha regresado a completar su entrenamiento y Yoda lo mira como diciendo «entrenamiento el que tengo aquí colgado» y le dice que lo único que debe hacer es enfrentarse a Vader (el típico examen de fin de carrera). Yoda le confirma que Vader es su padre. Antes de morir, le hace un *spoiler* y le confiesa a Luke que existe otro Skywalker, y luego se hace uno con la Fuerza, que es una forma bonita de decir que estira la pata. Es como en los funerales cuando dicen: «Ya no está entre nosotros» o «Siempre se van los mejores» o «No somos nadie»... No serás nadie tú, yo soy un tío majísimo.

Cuando sale de la choza se encuentra con el espíritu de Obi-Wan Kenobi. A estas alturas de la saga ya estamos acostumbradísimos a ver al espíritu de Obi-Wan paseándose por ahí con las manos en la espalda y el gratuito enrollado en el sobaco como un buen jubilao. Pero esta vez tiene ganas de charlar.

Luke le echa en cara que le mintió cuando le dijo que su padre estaba muerto, y Obi-Wan le hace un «es que no me expliqué bien» y le dice que él lo que le quería decir es que Anakin había muerto cuando se convirtió en Darth Vader, vamos un «cariño, esto no es lo que parece» de libro cuando te pillan con otra a chorra suelta.

Pero es que Obi-Wan es muy de hablar a medias, de no concretar, porque cuando Luke le dice que Yoda le ha hablado de que hay otro Skywalker, él le dice que tiene una hermana y es el propio Luke el que tiene que deducir que es Leia.

Al final Luke se harta de que Obi se haga el misterioso y se marcha a luchar contra Vader. Cuando le pregunta a Obi-Wan cómo se va le dice: «No vayas recto, ni hacia atrás ni hacia la izquierda» (que es la forma de Obi-Wan de decir: «La primera a la derecha y luego todo recto»).

Luke vuelve con sus colegas y la Alianza le cuenta que quieren destruir la Estrella de la Muerte. Luke, Leia, Han, Chewbacca, R2-D2, C-3PO y un grupo de soldados se van a la cuarta luna de Endor para desactivar el escudo de protección de la Estrella de la Muerte, mientras la flota rebelde, entre ellos Lando y Nien Nunb a bordo del *Halcón Milenario*, destruirán la estación espacial.

Pero mientras descienden a la luna de Endor, Vader olisquea como un perrillo la presencia de su hijo en la lanzadera. Luke también lo siente y comienza a pensar «a ver si la he cagao viniendo, lo mismo me tenía que haber quedado en casa».

Nada más llegar a Endor, un planeta que sería la envidia de los de Greenpeace, un grupo de soldados de asalto descubre a Luke y Leia y se inicia una persecución en motos deslizadoras por entre los árboles que, cuando a mí alguien me dice que practica deportes de riesgo le digo que riesgo es usar una moto entre esos árboles. Las motos cogen tal velocidad que, si te las traes a la Tierra, te duran los puntos dos días.

Leia se pega una galleta en la moto y, cuando despierta, ve un oso vestido de hippie, un ewok que se llama Wicket, y se hacen colegas fumando porros y cantando *Give Peace a Chance*.

Luke, Han, Chewbacca y los droides están buscando a Leia; los otros ewok, que son menos *flower power*, los atrapan y los hacen prisioneros. Pero al ver a C-3PO, los ewok lo toman por un dios, seguramente porque brilla y los ewok son muy canis y una cosa brillante los vuelve locos; porque allí en Endor no se llevan las gorras, si no, seguro que los ewok las llevaban hacia atrás.

A C-3PO lo consideran un dios, pero a Han, Chewbacca, Luke y R2-D2, que no brillan, quieren cocinarlos y servirlos en un banquete en honor a su nueva divinidad. Que a los tres primeros, vale, pero ya me dirás cómo piensan comerse a R2-D2. Yo siempre he pensado que las madres de los ewok lo incluyeron porque tiene mucho hierro.

Antes de que esté hecho el sofrito, Luke dice a los ewok que los liberen o usará su magia. Los ewok, que son muy de leer el horóscopo, ven cómo Luke levanta el trono en el que está sentado C-3PO usando la Fuerza y se cagan de miedo. Echan un puñado de arroz al puchero en lugar de a Chewbacca, que es más incomodo de pelar, y montan una rave en la que invitan a todos a ser parte de la tribu.

En mitad de la *party*, Luke, que seguramente se ha pasado con los rebujitos, le cuenta a Leia que son hermanos y que se va a acercar a matar a su padre, y parte en busca de Vader.

Leia se queda muy flipada. En esto llega Han, que está ahí siempre al acecho por si pilla a Leia con la braga floja, pero ella no le cuenta nada de lo de Luke porque lo ve con el cogote rojo como un miura de bailar lambada y no le quiere decir encima que ya es el único candidato que tiene.

Vader y Luke se encuentran por fin, y Luke intenta que su padre se pase al lado luminoso en plan: «Venga, padre, que está usted dando la nota, tire pa' la casa ya, que está madre contenta» (éste sería el diálogo si fuera una película de «Cine de Barrio» y a Vader lo interpretase Paco Martínez Soria piripi).

Luke y Vader llegan hasta el emperador, quien desea que Luke complete su entrenamiento pero en el lado oscuro. «Deja a tu padre que disfrute y pídete un sol y sombra, que estamos de fiesta, hombre.»

Además le reveló a Luke que fue él quien lo preparó todo para que pudiesen conseguir los planos de la Estrella de la Muerte y el generador en Endor, todo es parte de una trampa más retorcida que los cables de las luces de Navidad cuando los sacas de la caja.

Los rebeldes llegan al generador, pero son capturados. Y en el espacio la flota rebelde llega a la Estrella de la Muerte, pero se dan cuenta de que el escudo sigue activado, así que disimulan, dicen que se han confundido de Estrella de la Muerte, que les ha debido fallar el TomTom, y se vuelven a esconder silbando.

It's a trap!!!

Al día siguiente, con ayuda de los ewok, los rebeldes encuentran el generador del escudo y esperan a que salgan los malos con sus prisioneros. Cuando sacan la carita, los ewok y los droides los atacan como atacan los ewok, con palos, con piedras, con latas oxidadas, con litronas rotas... Lo que se puede encontrar en un descampado.

Palpatine se pone chulito para convencer a Luke de que se una a los que molan y destruye uno de los cruceros de la Alianza. El almirante Ackbar, al ver que la estación espacial está en operación, considera que deben retirarse, pero Lando lo convence de que deben darles más tiempo a los rebeldes en Endor. Lando es un echao p'alante que ya en la película anterior se demostró que es alguien a quien tener en cuenta cuando opina. Casi los matan a todos.

En Endor sigue la batalla de barrio, ya se matan entre ellos escupiéndose, pero Han, Leia y Chewbacca, con ayuda de los droides, logran acceder al búnker para intentar desconectar los escudos.

En la Estrella de la Muerte, Luke atrae su sable del regazo del emperador y lo ataca, pero Vader llega justo a tiempo para defenderlo, comenzando un duelo de padre contra hijo que para sí lo quisiera un culebrón.

Luke salta hacia una plataforma y se esconde allí, diciendo que no peleará contra él. Vader empieza a buscar en la mente de Luke igual que una madre leyendo el diario de su hija «para tenerla controlada y que no vaya a hacer una tontería» y descubre que Luke tiene una hermana. Hay que recordar que Vader nunca se enteró de que había tenido mellizos, por aquello de que estaba quemándose vivo durante el parto. La típica excusa de padre primerizo.

Vader dice que si Luke no se une al lado oscuro, Leia sí lo hará, y al decir esto a Luke se le altera el PH y sale violentamente de su escondite y ataca a Vader hasta que le corta la mano mecánica a su padre. Ahí Luke se da cuenta de que se está rayando, porque eso es lo mismo que Vader le había hecho en la Ciudad de las Nubes.

Palpatine, que no desaprovecha una sola ocasión de enmierdar, lo anima a matar a Vader, pero Luke controla su ira y arroja su sable, convirtiéndose en ese momento en un Jedi diplomado en bondad y buenrrollismo.

Han, Leia, y Chewbacca logran escapar del búnker dejando unos detonadores de recuerdo para que vuelen por los aires junto a los activadores del escudo. Las bombas explotan y el ejército rebelde puede comenzar su ataque desde el cielo. Aquí no se ve, pero Lando se pone insoportable diciendo: «¿Ves? ¿No te he dicho que había que esperar? Si lo que yo no sepa...».

En la Estrella de la Muerte, a Palpatine no le está sentando bien que Luke no quiera matar a su padre y empieza a lanzarle rayos de la Fuerza para matarlo.

Ver a Luke muriendo saca por primera vez a Anakin de debajo de Darth Vader y, por amor a su hijo, coge a Palpatine y lucha contra sus rayos hasta que lo tira por un agujero que da al reactor; el emperador ha muerto.

En el espacio ha comenzado la guerra, las naves rebeldes atacan la Estrella de la Muerte hasta que una nave consigue estrellarse contra un punto vital y la estación espacial comienza a destruirse.

En medio de la evacuación de la Estrella de la Muerte, Luke lleva a su padre hasta la plataforma de acceso a su lanzadera. Anakin le pide a Luke que le quite su casco, para poder verlo por una vez con sus propios ojos. Su verdadero rostro es pálido, por haber usado ese casco durante veintitrés años, y está lleno de heridas de su batalla contra Obi-Wan; el hombre está para sopa de sobre y tortillita francesa.

Anakin le dice a Luke que tenía razón sobre él y le pide que le diga eso a su hermana, y luego muere.

El *Halcón Milenario* y el Ala-X pilotado por Wedge Antilles logran llegar al reactor de la Estrella de la Muerte, al cual le disparan misiles de concusión y torpedos de protones, chapas de Fanta machacadas... hasta que consiguen que comience a destruirse. Ambos logran escapar momentos antes de que la estación estalle. También Luke se salva, pues huye justo antes de la explosión en una lanzadera imperial llevando el cuerpo de su padre.

Esa noche, Luke monta una pira funeraria y quema el cuerpo de su padre, haciéndose así Anakin uno con la Fuerza mientras los ewok y los rebeldes festejan. Por toda la galaxia, en Tatooine, Naboo, Coruscant, Bespin, Usera... la gente sale a las calles a celebrar la caída del Imperio.

En medio de los festejos, Luke ve los espíritus de Obi-Wan Kenobi, Yoda y Anakin Skywalker.

Leia lo coge de la mano y lo anima a celebrar el fin del emperador mientras le lía unos porritos y le prepara un calimocho.

FIN 🔆

Si alguna vez has saltado desde la plancha de la barcaza de Jabba el Hutt a lo que parece una muerte inevitable devorado por el inmortal sarlacc[1] para, en el último momento, atrapar al vuelo el sable láser que te lanza tu droide astromecánico, regresar a la plancha y abrirte paso hasta rescatar a tu hermana y a tus amigos, entonces has vivido.

Si no, no.

El *Retorno* tiene fallos, sobre todo en su tramo final, con la inclusión por primera vez de unas mascotas insufribles[2] que sólo lograban irritar a los mayores y engordar la multimillonaria cuenta de George Lucas con la venta de muñecos. Pero es tan enorme, tan grandiosa y tan llena de aciertos que se le perdona no ser una película redonda, porque es inmensamente divertida. Y pocos momentos habrás experimentado como contemplar el duelo final entre padre e hijo en el salón del trono.

---

1 En cuyo vientre encontraría una nueva definición del dolor, en una digestión que duraría más de mil años.

2 A veces, por la noche, sueño con asesinar ewoks. Lentamente, desmembrarlos, despellejarlos y vender sus pieles para hacer abrigos y zapatillas de andar por casa. A la mañana siguiente suelo despertarme con una enorme sonrisa en la cara.

CURIOSIDADES DE
EL RETORNO DEL JEDI

¿QUIÉN NO QUIERE SER MILLONARIO?

Para dirigir esta tercera entrega, George Lucas tentó para la dirección a David Lynch y a David Cronenberg.

Lynch había deslumbrado a la crítica con sus dos primeras películas, *Cabeza borradora* y *El hombre elefante*, mientras que Cronenberg había triunfado con *Scanners*. Los dos eran directores con una fuerte personalidad, como ha demostrado su carrera posterior, y los dos renunciaron a dirigir la película (y al pastón que habrían ganado) porque no la veían como un producto propio.

A VER CÓMO TE LO DIGO PARA QUE ME ENTIENDAS

El lenguaje de Nien Nunb, el copiloto de Lando, está basado en un dialecto keniata. Una de sus frases en la película significaría: «Un millar de manadas de elefantes están en mi pie». Una frase tan común en Kenia como aquí: «Llévate una rebequita, que por la noche refresca».

El lenguaje de los ewok está basado en una mezcla de tagalo y sueco. Así, en *El retorno del Jedi* se puede oír que los ewok cantan la frase: *Det luktar flingor har*, que en sueco significa: «Aquí huele a cereales».

ULTIMÁTUM A ENDOR

Entre las criaturas que aparecen en el palacio de Jabba hay tres llamados Klaatu, Barada y Nikto. Estas tres palabras son la orden que se le da al robot Gort en la película *Ultimátum a la Tierra* (1951) y son míticas entre los amantes de la ciencia ficción.

LA VENGANZA CONTRA LA VENGANZA

El título provisional para *El retorno del Jedi* era *La venganza del Jedi*. El título se cambió porque según dijo Lucas «Un Jedi no se tomaría venganza». Unos pósters y juguetes salieron con ese título. Estos objetos son hoy carísimas piezas de coleccionista, así que mira en el desván, que si tienes cualquier cachivache en el que ponga «La venganza del Jedi» eres millonario y no lo sabes.

Años después, Lucas se vengó de no poder poner este título llamando al episodio III *La venganza de los Sith*, que ahí sí le encajaba.

BLUE HARVEST

Ésta es una de las mejores historias que han surgido alrededor de la saga de *Star Wars*. Durante el rodaje de *El retorno del Jedi* las expectativas con la película ya eran brutales, la saga ya empezaba a tener auténticos fans entregados y cada vez se hacía más difícil poder rodar sin encontrarse a miles de admiradores que querían asistir a la escena.

Por si fuera poco, Lucas había observado que, cuando pedían presupuesto para hoteles, platós o cátering, los contratados adivinaban que estaban ayudando a una producción millonaria y aumentaban los precios a lo loco. Así nació *Blue Harvest*.

El equipo se inventó una película que jamás existiría *Blue Harvest, terror más allá de tu imaginación*, y llegaron a imprimir camisetas y gorras con el logotipo para engañar a los fans. Incluso se puede ver a Steven Spielberg en el rodaje de *El templo maldito* con una gorra de *Blue Harvest*.

Esta estratagema no pudo evitar que, durante la escena de la barcaza de Jabba, que se rodó en Arizona, 35000 entusiastas aparecieran pretendiendo conseguir fotos y autógrafos. El truco de *Blue Harvest* funcionó para casi todos, pero aun así tuvieron que construir una alta reja y poner un servicio de seguridad de veinticuatro horas para evitar a los sesenta que no se habían tragado el cuento.

Blue Harvest es el subtítulo de la parodia de *Star Wars* que hizo «Padre de familia» y la historia inspiró a Ben Affleck para su película *Argo*, en la que se finge el rodaje de una película para liberar a unos presos políticos.

Cada cierto tiempo, Lucas afirma que tarde o temprano rodará de verdad la película *Blue Harvest*. ¿A que mola?

JUGARSE LA PIEL

Durante el rodaje de esta película en los bosques que darían vida a Endor, se prohibió a Peter Mayhew que saliera del recinto del rodaje con su traje de Chewbacca por si algún cazador despistado lo confundía con un *bigfoot* y le disparaba.

ME CRECEN LAS PERSONAS CON ENANISMO

Las escenas de Endor se rodaron cerca de California. Las de bosque fueron especialmente duras para los actores ewok, un grupo de personas con enanismo o acondroplasia que al final acabaron hartos. El asistente de producción Ian Bryce llegó un día al plató y encontró una nota de los actores que decía que ya estaban hasta el gorro y que se iban al aeropuerto.

Bryce intentó conducir hacia el aeropuerto, pero se le pinchó una rueda no muy lejos del decorado. Encontró otro coche, y se iba a ir cuando apareció el autobús de los ewok y todos los actores salieron de él con camisetas en las que ponía «La venganza de los ewok». Era bromita... Bromita hobbit.

PILOTA, MUÑECO

Ésta fue una de las primeras películas en utilizar los *story-boards*. De hecho, para planificar y dibujar la escena de la persecución en el bosque se utilizaron muñecos de Barbie y Ken pilotando motos deslizadoras en miniatura.

TENÍA QUE SER CHEIW

En la batalla de Endor muchas de las naves que formaban parte del fondo son en realidad chicle masticado. El equipo sabía que, con tanta acción, los espectadores no se darían cuenta.

FRISCO IN THE SKY

Algunas porciones de la maqueta de la Estrella de la Muerte a medio hacer, como aparece en la película, se inspiran en la línea del horizonte (*skyline*) de la ciudad de San Francisco.

EL FINAL DEL FINAL QUE NUNCA FUE EL FINAL

Richard Marquand, el director, propuso un final alternativo al de Lucas, que consistía en lo siguiente:

Darth Vader muere en brazos de Luke. Luke, tras llorar la muerte de su padre, no escapa de la Estrella de la Muerte sino que, lentamente, se coloca la máscara de Vader y permanece contemplando el caos de su alrededor. Palpatine está muerto, pero ha vencido.

La Estrella de la Muerte colapsa y Luke muere en su interior. Leia contempla el cielo de Endor y al final queda revelado que es ella la que toma el relevo de los Jedi.

Lucas le dijo que era una opción muy interesante y que se la metiera por el culo.

LOS FANTASMAS ATACAN AL JEFE

La peli terminaba con una orgía ewok en la que se aparecían los Jedi «muertos» durante la saga: Obi-Wan, Yoda y Anakin. Cuando salieron las películas en DVD y después de las secuelas, Lucas decidió cambiar al actor que interpretaba a Anakin de mayor (Sebastian Shaw) por el que había interpretado a Anakin de joven (Hayden Christensen) y aquí surge uno de los debates de enredo que más nos gustan a los frikis: ¿No sería lógico que, si a Obi-Wan se lo ve de viejo, con el aspecto con el que «murió» a Anakin también?

La explicación que da el bendito departamento de continuidad de *Star Wars* es que, cuando Anakin muere, ha dejado de ser un Sith (uno de los malos), pero no ha vuelto a ser un Jedi porque necesita que otro Jedi lo vuelva a admitir en la Orden. Por eso Anakin conserva la imagen que tenía la última vez que fue Jedi. Con lo que podemos afirmar que, a la larga, pasarse al lado oscuro rejuvenece. 🛸

EPISODIO I
LA AMENAZA FANTASMA

*Hace mucho tiempo, en una galaxia
muy, muy lejana....*

*La República Galáctica está
sumida en el caos. Los
impuestos de las rutas
comerciales a los sistemas
estelares exteriores están en
disputa.*

*Esperando resolver el asunto
con un bloqueo de poderosas
naves de guerra, la codiciosa
Federación de Comercio ha
detenido todos los envíos al
pequeño planeta de Naboo.*

*Mientras el Congreso de la
República debate
interminablemente esta
alarmante cadena de
acontecimientos, el canciller
supremo ha enviado en secreto
a dos caballeros Jedi,
guardianes de la paz y la justicia
en la galaxia, para resolver el
conflicto....*

Treinta y dos años antes de la batalla de Yavin (cuando se cargaron la primera Estrella de la Muerte en *Una nueva esperanza*), los del gobierno de la República están enfrentados con la Federación de Comercio por unos impuestos en las rutas comerciales, y los comerciantes han protestado imponiendo un bloqueo al planeta Naboo.

Para entendernos en lenguaje cuñao: los empresarios se han mosqueado con el Gobierno porque éste quiere que los camiones donde llevan los pollos congelados vayan de Salou a Zaragoza por autopistas de peaje, entonces los comerciantes se han cabreado y han dicho: «Pues se quedan los maños sin pollos» (de aquí, precisamente, viene la expresión «Montar el pollo»).

El canciller supremo encarga a dos Jedi (Qui-Gon Jinn, que es el padre que se enfada en las pelis esas de hostias, y su padawan, Obi-Wan Kenobi, que ha ido a la playa y se ha puesto extensiones) que hablen con el jefe de los empresarios, Nute Gunray, para que liberen el bloqueo. Pero este pájaro está aliado con Darth Sidious, que le ordena invadir Naboo y cargarse a los dos Jedi en cuanto llamen al telefonillo automático de la nave.

La nave en la que van los dos es atacada y ellos tienen que huir; acaban en el planeta Naboo, que es como la Casa de Campo de Madrid pero a lo bestia y cambiando a esas señoritas que te aparecen en las rotondas por gungans, unos bichejos que son como Goofy pero más tontos (decir «Goofy pero más tonto» es un poco como decir Nicholas Cage pero mal peinado o Mick Jagger pero en feo).

Uno de esos gungan que se llama Jar Jar Binks se hace colega de Qui-Gon y Obi-Wan, bueno, más que colega, se les acopla. Un poco como cuando sales de fiesta y hay un borracho al que se nota que los colegas lo han dejado solo porque es un cansino y trata de ir con tu grupo contando chistes y diciendo que conoce un garito donde las copas le salen a mitad de precio.

Algo parecido hace el pesao de Jar Jar. Les dice aquello tan clásico de «tengo un colega que te puede arreglar lo del coche a mitad de precio». En este caso se ofrece a llevarlos a conocer al jefe de los gungan en plan: «A Santiago Segura lo conozco yo, seguro que si os lo presento os da un papel en *Torrente 11*».

Los Jedi van con Jar Jar a ver al Jefe Nass, que es como un sapo que le ha cogido el gusto a los whopper y, como buen recomendao, no consigue que el jefe los ayude. Siguiendo con la analogía, si Jar Jar os llevara a conocer a Santiago Segura seguramente acabaríais barriendo el plató.

Pero los malosos no paran. La Federación de Comercio ha capturado a la reina Amidala, acusándola, imagino, de dañar la capa de ozono con tanta laca. Porque si su hija, Leia, se conformaba con unas ensaimadas en la cabeza, la reina Amidala era de esas que cuando dicen: «voy a la peluquería» se tienen que pedir dos días de empleo y sueldo.

Importante: la reina Amidala tiene nombre, se llama Padmé, es como los papas, que se llaman de una forma pero luego, para ser papas, se ponen un *nick*.

Los Jedi consiguen rescatar a la princesa y se van con ella y con Jar Jar, que va detrás contando chistes de Lepe, camino de Coruscant, que es donde está el senado. La reina quiere ir al senado a pegar un puñetazo en la mesa y decir: «Usted no sabe con quién está hablando». Pero antes de entrar en Coruscant se encuentran con un montón de naves que han bloqueado el acceso para que Amidala no llegue.

A la nave de los buenos le pegan tal manita de disparos que les destruyen todos los escudos, pero R2-D2, que es un poco como el colega informático del que sólo te acuerdas cuando se te estropea el ordenador, consigue resetear los escudos y, como buen amigo informático, no cobra nada más que una cerveza y unos mezcladitos en un cuenco.

La nave escapa con todos vivos, y esto incluye a Jar Jar, desgraciadamente, y tienen que esconderse en otro planeta llamado Tatooine...

(Atención, peligro de colapso, a tu cuñao este nombre le suena, probablemente veas cómo se le empieza a poner rojo el cogote y se le monta la vena de la frente, no tardes mucho en resolverle por qué le suena o reventará como una bombona de butano caliente.)

Éste es el planeta en el que, en la primera película que vimos, vivía Luke Skywalker.

(Baja la temperatura, se relaja el gesto, se iluminan los ojos comprobando que va pillando las cosas.)

En Tatooine se ponen enseguida a buscar las piezas de la nave que han perdido en el ataque y, por supuesssto, Jar Jar conoce a alguien que te las deja a mitad de precio.

Se trata de Watto, un mosquito gigante más propio de una playa de Huelva que de un planeta desértico, que tiene una tienda de materiales y a un chiquillo de becario, que está muy claro que no lo tiene declarado ni nada y que se llama... Anakin Skywalker.

(Tu cuñao flipa, es Darth Vader de pequeño, déjalo que flipe, que flipamos todos en su momento, a estas alturas la película todavía nos estaba gustando.)

Anakin es un manitas para construir cosas, la madre está harta de dejarse el dinero en comprarle Legos para que el niño tarde dos minutos en hacerlos, y es, además, según cuentan, un gran piloto, incluso ha construido él solito un robot de protocolo al que ha llamado C-3PO.

A Qui-Gon, cuando conoce al crío, le sube la bilirrubina y siente que la Fuerza es muy grande en el muchacho y se lo quiere llevar por si tiene que hacer una mudanza y porque se acuerda de que hay una antigua profecía que cuenta que nacerá un Jedi con un gran poder que traerá el equilibrio a la Fuerza.

Como no tienen dinero para pagar a Watto, Anakin se ofrece a participar en una carrera de vainas para conseguir esa pasta. Si la gana, además conseguirá su libertad y podrá irse con ellos y con Amidala, a la que, a pesar de ser un crío, ya le hace ojitos.

Anakin gana la carrera y se va con muchísima pena porque no consigue que el mosquito gigante le dé también la libertad a su madre, así que la deja ahí prometiendo que volverá a por ella, como Marco, pero al revés y sin mono *Amedio*, pero con Jar Jar.

Pero justo antes de que puedan salir, aparece un tío con la cara roja y unos cuernos, por si quedaban dudas de que era malo, que se llama Darth Maul y que en vez de espada láser tiene un palo láser que lo mismo te sirve para luchar que para bajar del trastero una caja a la que no llegas. Lo ha mandado el emperador para matar a los Jedi, y Qui-Gon y Darth Maul luchan hasta que Liam Neeson escapa por poco y logran salir camino de Coruscant.

Nada más llegar, Qui-Gon va a ver al Consejo Jedi, que es un poco como una tertulia de la tele en la que están Yoda, Samuel L. Jackson, un señor al que parece que le ha pillado la cara un ascensor, otro con orejas raras... Vamos, es un poco Samuel L. Jackson en el país de los pitufos.

Los Jedi deciden que ese tipo maloso que ha atacado a Qui-Gon es seguramente un Sith, que son como los Jedi pero que siguen el lado oscuro de la Fuerza. Además, le dicen a Qui-Gon que no quieren que eduque al niño en la Fuerza porque lo ven ya muy mayor, el chaval ya estaba echando pelillo en las piernas, y porque lo ven un poquito inestable con eso de haber tenido que dejar a su madre en Tatooine. Le dicen que ese miedo es el camino más directo al lado oscuro, la autovía sin peaje de lo chungo, el Ave del mal rollo. Vamos, que no.

Mientras tanto, la reina ha ido al senado a protestar y se encuentra con que la gente vota a Palpatine como canciller supremo. Que es un poco como si te presentas a delegado de la clase y la gente elige al que se sienta en la última fila y fuma a escondidas en los baños.

Así que Amidala se vuelve para Naboo, el planeta en el que vivía, y se lleva a toda su peñita. Una vez allí declara la guerra a la Federación de Comercio.

Por un lado, un ejército de Jar Jar (o sea, los gungans) luchan contra unos robots que parecen el asiento de un Hyundai. Por otro, la reina defiende el palacio de la invasión, y por el otro, en el espacio, está Anakin, al que le han dado una nave porque, total, si ya trabajaba sin pagar la Seguridad Social, tampoco pasa nada porque conduzca sin carnet.

Mientras esto pasa, vuelve a aparecer Darth Maul, el que parece un guiri que acaba de llegar a Alicante con la cara roja, y Qui-Gon y Obi-Wan luchan contra él. Qui-Gon cae derrotado en la lucha y antes de morir le hace prometer a Obi-Wan que va a coger a Anakin como padawan, o sea, que le va a enseñar a manejar la Fuerza para que no la use para cosas malas como pulsar todos los telefonillos y salir corriendo o no reciclar la basura.

Obi-Wan le dice a Yoda que va a coger a Anakin de alumno, y éste le confiesa que el Consejo lo aprueba, pero que él no, que a él el chiquillo le da más mal rollo que tocar algas con los pies mientras te estás bañando.

FIN 🔴

A ver, salen sables láser al final de la película, con una de las peleas más chulas de la saga. Y a ratos, pocos, hay un malo.[1] Ah, y la música es increíble.[2]

Y con esto concluye todo lo bueno que tengo que decir de *La amenaza fantasma*.

(Me dice el editor que no puedo dejar este espacio en blanco, así que permitidme que os recuerde que en un puerto italiano al pie de las montañas, vive nuestro amigo Marco, en una humilde morada. Se levanta[3] para ayudar a su buena mamá, así todos los días, como el buen hijo que es. Pero un día la tristeza llega hasta su corazón. Mamá tiene que partir[4] a otro país.

Y con esto he llegado a 1000 caracteres.)

---

1 El diseño original de Ian McCaig para Darth Maul era aún más terrorífico. George Lucas le había pedido que le dibujase su peor pesadilla y éste lo hizo: un payaso de dientes metálicos acechándolo a través de una ventana. Cuando Lucas lo vio, se hizo caquita y le pidió a McCaig que le dibujase su segunda peor pesadilla.

2 *Duel of the Fates* es el tema cumbre de John Williams, y eso es decir mucho teniendo en cuenta que es el compositor de cine más grande de todos los tiempos.

3 Muy temprano.

4 Cruzando el mar.

CURIOSIDADES DE
LA AMENAZA FANTASMA

Y LA AMENAZA SE CUMPLIÓ

Desde 1983 hasta 1999 la sequía de películas había enloquecido a los fans de *Star Wars*. Los más adictos habían caído en la metadona de los cómics y libros del universo expandido. Los demás vagaban como fantasmas rogando a los dos soles del cielo de Tatooine que a Lucas le diera por fin el punto de volver a hacer otra película.

Dicen que fue un divorcio especialmente sangrante el que llevó a George a tomar la decisión, pero el caso es que, un día, por fin se anunció que habría más películas de la saga y que la nueva trilogía contaría la historia de Anakin Skywalker desde que era un niño hasta que se transformó en Darth Vader. Yo, ese día, lloré de la emoción.

QUE LLEGA, QUE LLEGA

La expectativa con la que los fans vivimos la espera de esta película forma ya parte de la historia del cine. Durante las primeras semanas de proyección del primer tráiler de *La amenaza fantasma* muchos cines informaron de que hasta el 75 % de la gente pagaba todo el precio de la entrada y salía del cine cuando terminaba el tráiler.

Se ha calculado que las perdidas en Estados Unidos por absentismo laboral el día del estreno fueron de unos trescientos millones de dólares.

Cientos de personas acamparon varias semanas antes de su estreno en los cines donde iba a proyectarse para ser los primeros en verla. Los turnos se contabilizaban a través de internet.

FANBOYS

Siete años después del estreno salía la película *Fanboys*, en la que se contaba la historia de unos chavales que pretendían colarse en el rancho de Lucas a robar una copia de *La amenaza fantasma* para que uno de ellos, con una enfermedad terminal, pudiera verla antes de morir.

Desgraciadamente, esta historia acabó haciéndose realidad cuando, antes de que saliese el episodio VII, un fan pidió verla puesto que su enfermedad no le iba a permitir llegar vivo al estreno. J. J. Abrams accedió a los deseos de esta persona que, efectivamente, murió antes de que la película llegase a los cines.

NO TENGO NADA QUE PONERME

Una de las novedades visuales más llamativas de la película fueron los trajes que llevaba la reina Amidala, cada uno de ellos costó de media unos 60 000 dólares. El primer vestido tuvo a una costurera trabajando diez horas al día durante un mes entero.

El vestido que lleva en la sala del trono tardó ocho semanas en diseñarse.

Un rumor que corrió sobre el rodaje era que Lucas había previsto algunas escenas de desnudo de Amidala, pero el productor Rick McCallum lo negó diciendo: «*Meterla en esos vestidos fue ya bastante difícil como para encima tener que sacarla*».

SE HA QUEDAO BUENO

El rodaje en Túnez coincidió con una ola de calor tremendo. Uno de los técnicos cuenta que se hizo un par de huevos fritos sobre la cabeza de R2. Esto explicaría que Kenny Baker fuera en tanga verde por todo el set cuando no estaba dentro de R2.

Como consecuencia del calor, hubo una terrible tormenta de arena que destruyó algunos de los decorados y retrasó el rodaje. Algo que ya había pasado cuando se rodó la primera película y que Lucas se tomó como un buen presagio.

TRUQUIS MUY LOQUIS

En las escenas en las que aparecen las gradas del estadio de Mos Espa en la distancia, la gente son bastoncillos de algodón de limpiarse las orejas teñidos de colores.

El móvil que utiliza Qui-Gon Jinn en la película es una maquinilla de afeitar Sensor Excel for Women redecorada.

El agua de las cataratas en Theed, la capital de Naboo, era sal.

El sonido de los monstruos submarinos gruñendo al comienzo de la película lo hizo la hija de tres años del técnico principal de sonido. Grabaron su llanto, y bajaron la frecuencia hasta obtener el sonido que aparece en la película.

El sonido para los tanques de batalla flotantes fue creado pasando una maquinilla de afeitar eléctrica por un cuenco metálico de ensalada y bajando después el tono. Como vemos, Gillette se hartó de hacer cameos.

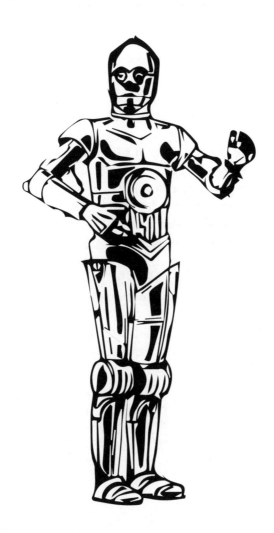

HOMENAJES

En el almacén de Watto, Lucas colocó un fragmento de la nave *Discovery* de *2001*, el film de Stanley Kubrick que lo empezó todo.

En el senado de Coruscant se puede ver una delegación de *E. T.* De esta manera, Lucas devolvía el homenaje que le había hecho Spielberg en *E. T.* cuando el extraterrestre se cruzaba con un niño disfrazado de Yoda y salía corriendo hacia él gritando: «Mi caaasa». Desde ese momento había sido motivo de discusión entre los fans si E. T. reconocía a Yoda porque su planeta está dentro del universo de *Star Wars*. Esta escena del senado acababa confirmando la teoría.

Las payasadas de Jar Jar durante la batalla son también un homenaje, en este caso al cine mudo. La bola rodando colina abajo detrás de Jar Jar es de *Siete ocasiones* de Buster Keaton. El resto de robot que se le queda en el pie disparando es de *El navegante*, también de Keaton. Mientras que la escena en la que se queda colgando de una torreta es calcada a la de *El tenorio tímido* de Harold Lloyd.

El hijo de Mark Hamill y dos de los de Francis Ford Coppola tienen un cameo en la película (Sofia Coppola es Saché, una ayudante de la reina).

Otro homenaje, pero en chungo, viene de parte del malvado virrey Nute Gunray, bautizado así por Lucas como referencia a Ronald Reagan (*ray-gun*, al revés: *gun-ray*; y Nute por Knute, un futbolista al que el expresidente dio vida en el filme *Knute Rockne, All American*). Lucas es un hombre declaradamente de izquierdas y vivió la era Reagan como un auténtico infierno, sobre todo por los intentos constantes del exactor de interferir en toda la producción de cine americana.

¡MIRA, MAMÁ, ESTOY EN *STAR WARS*!

Ewan McGregor estaba tan emocionado por salir en una peli de su saga favorita que hacía los ruidos de su sable de luz durante la filmación. En postproducción tuvieron que arreglar su ataque de frikismo.

Samuel L. Jackson también era un gran fan de la saga, tanto que Lucas le diseñó el sable de luz púrpura que lleva porque al actor le gustaba mucho ese color e hizo grabar en la empuñadura las letras BMF (*bad mother fucker*, «hijo de puta peligroso») en homenaje a la cartera que llevaba su personaje de *Pulp Fiction*.

Sin embargo, a pesar de ser tan fan, Jackson se partía de risa cada vez que tenía que decir en la película «Que la Fuerza te acompañe», y George Lucas tuvo que reducir los diálogos de Mace Windu. Por la risa tonta.

Los escenarios se construyeron con el techo a la altura de la cabeza de los actores. Pero Liam Neeson es tan alto que hubo que rehacerlos y costaron 150 000 dólares más para adaptarlos a su estatura.

Natalie Portman nunca había visto una peli de *Star Wars* cuando recibió la oferta de hacer de Padmé y se perdió el estreno en Nueva York porque tenía que estudiar para sus exámenes finales del instituto (traidora, gafotas, empollona).

Entre los cameos más curiosos de la peli está el de Manny Calavera, el personaje del juego de Lucasarts *Grim Fandango*, que aparece entre el público animando la carrera.

HEREJES GALÁCTICOS

Una de las polémicas que acompañó el estreno de la peli fue que el Arzobispado de México pidió a sus fieles que no acudieran a ver *La amenaza fantasma* porque, según ellos, contenía referencias paródicas a las Sagradas Escrituras, seguramente por la referencia que hace la madre de Anakin a que el niño «nació sin la intervención de un varón». Los mexicanos, vistas las recaudaciones millonarias, le hicieron regular de caso.

LA ESCENA POSTCRÉDITOS

Hoy está muy de moda poner una escena al final de los títulos de crédito, pero en aquel momento era muy innovador lo que hizo Lucas, aun sin ser una escena en sí. Si te quedas hasta después de que terminen los créditos se oye el efecto de sonido de la respiración de Darth Vader. La verdadera amenaza fantasma...

EPISODIO II
EL ATAQUE DE LOS CLONES

*Hace mucho tiempo, en una galaxia
muy, muy lejana....*

*En el Senado Galáctico
reina la inquietud. Varios
miles de sistemas solares
han declarado su intención
de abandonar la República.*

*Este movimiento separatista,
liderado por el misterioso
conde Dooku, ha provocado
que al limitado número de
caballeros Jedi les resulte
difícil mantener la paz y el
orden en la galaxia.*

*La senadora Amidala, la
antigua reina de Naboo,
regresa al Senado Galáctico
para dar su voto en la crítica
cuestión de crear un
EJÉRCITO DE LA REPÚBLICA
que ayude a los desbordados
Jedi....*

Han pasado diez años desde lo de *La amenaza fantasma* y ha surgido un movimiento separatista que lidera un tío con cara de Saruman que se llama conde Dooku. La reina va al senado a pedir que se cree un ejército para luchar contra ellos, pero cuando baja de la nave, boom, explota una bomba y la reina muere...

¡¡Que no!! Que no era Amidala, que era la de *Piratas del Caribe*, que se había disfrazado de la reina para despistar a los malísimos. Entonces aparece Palpatine (del que nadie parece darse cuenta de que tiene una cara de malo tremenda) y pide a Obi-Wan Kenobi y a Anakin que cuiden de la reina de esos a los que les ha dado la manía esa tonta de bombardearla.

A todo esto, Anakin ya ha pasado un par de gripes y ha dado un estirón tremendo, el niño piloto y cabezón de la primera parte se ha convertido en el orgullo de cualquier abuela, mide casi dos metros y está hecho un hombretón; para volver locas a las abuelas debería estar un poco más gordo, bueno, para volver locas a las abuelas no debería caber en la nave espacial, que una abuela ve a su nieto delgado esté como esté, las abuelas en los ojos tienen cataratas, hipermetropía y anorexia nietil.

Anakin está más nervioso que Batman en Nochebuena porque va a ver a Amidala después de diez años, y cuando se ven, aquello se pone tan caliente que estalla un sobre de palomitas al microondas en un cajón.

La reina se va a dormir y Anakin se queda como tú cuando la chica sólo se dejaba tocar por encima de la ropa, pero esa misma noche una cazarrecompensas intenta matar a la reina, y Anakin, a pesar de que no puede cerrar las piernas, consigue salvarla y sale con su maestro a perseguir a la asesina por la ciudad tirándose entre los coches voladores como tu primo pequeño cuando cruza la calle de la urbanización. Justo cuando van a pescarla, otro cazarrecompensas se la carga.

El Consejo Jedi, el de Samuel L. Jackson y sus muñecos, pide a Obi-Wan que investigue quién ha intentado matar a Amidala mientras que encarga a Anakin que se lleve a la reina a Naboo y pase con ella todo el día en soledad para protegerla... Así se las ponían a Fernando VII. Anakin acata la orden y se la lleva a Naboo con una espada láser, diez botes de laca y un condón arrugado en el bolsillo pequeño del vaquero.

Obi-Wan llega al planeta Kamino, donde viven una especie de monjes jibarizados que le cuentan que están fabricando un ejército de clones para el ejército de la República, miles y miles de soldados prefabricados, una especie de Ikea del soldado. Allí conoce también a Jango Fett, un cazarrecompensas que es como Boba Fett desteñido y que se huele que es el que mató a la otra cazarrecompensas. Tiene una pelea con él bajo una lluvia que acomplejaría a un gallego y se le escapa. Pero consigue ponerle un rastreador en la nave y lo sigue.

Jango se para en el planeta Geonosis y pilla al conde Dooku y a uno que se llama Nute Gunray, que es el virrey de la Federación de Comercio, contándose maldades como que tienen un nuevo ejército de droides y que ellos son los que han intentado matar a Amidala. Obi-Wan llama al Consejo Jedi y les cuenta todo, pero lo cogen.

Mientras tanto, Anakin y Amidala están más a gusto que en brazos, bueno, concretamente están en brazos todo el día el uno del otro. Llevan una vida que es como un vídeo de karaoke, caminan juntos por los prados, se montan en unos escarabajos peloteros gigantes..., lo normal en una pareja joven y emprendedora que vive su vida con emoción.

Pero Anakin, que tiene un pronto malísimo, empieza a enfadarse porque dice que, siendo Padmé una reina y él un Jedi, nunca les van a dejar estar juntos. Como si, por ejemplo, un príncipe y una presentadora de telediario no pudieran acabar casándose tranquilamente.

Como es un pinchaglobos, Anakin empieza también a agobiarse porque su madre, según él intuye, está en peligro, y lía a Padmé para que le acompañe a Tatooine.

La verdad es que, a pesar de ser un agonías, al final tenía razón, y cuando llegan a Tatooine se enteran de que la madre ha sido hecha prisionera por unos ladrones y, cuando la encuentra, a la madre le queda menos de vida que a cualquiera de «Juego de tronos» al que cojas cariño.

Anakin, por lo que sea, no se toma bien que los bandidos hayan matado a su madre y acaba con toda la tribu.

Mientras tanto, en Coruscant, Yoda siente fluir el sufrimiento y el lado oscuro proviniendo de Anakin y anuncia que se va a liar parda. Anakin trae de vuelta el cuerpo de su madre a su casa para su funeral y luego se van los dos a buscar a Obi-Wan.

Obi-Wan está en el planeta Geonosis charlando con Dooku, que le está comiendo la cabeza para que se una a él. Le cuenta que Palpatine ha conseguido que le den poderes casi plenos en el senado para cubrir una situación de emergencia.

Como Anakin no para de dar por saco, lo capturan junto a Amidala y llevan a ambos a la arena de la ejecución, que no es una plaza de toros pero casi. Aparecen allí todos los Jedi, luchan contra los droides nuevecitos de Dooku, un destrozo. Cuando piensan que van a perder, aparece Yoda con todos los clones para defenderlos y se lía una muy gorda que luego sería el comienzo de las Guerras Clon.

Como Dooku ve que la cosa se está poniendo muy malita, huye con los planos de la Estrella de la Muerte. Cuando acaba la batalla vemos a Dooku con su verdadero jefe: ¡¡¡Palpatine!!!

Nos enteramos de que lo que han hecho es fingir una amenaza muy grande contra la República para que, por miedo, Palpatine fuera teniendo cada vez más poder con la excusa de protegerlos. Por eso no paraban de intentar matar a Amidala, porque era la única que podía reclamar ese poder para ella.

Finalmente, Anakin y Padmé se casan en secreto en los lagos de Naboo. No quiero imaginar, con lo sencilla que va siempre Amidala, lo que le tuvo que costar elegir el traje de bodas.

FIN 🌀

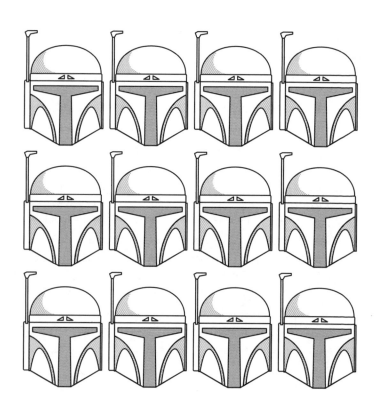

Mira, ésta ya es mucho mejor. Sale Hayden Christensen, dotando de miles de diminutos matices[1] al personaje de Anakin. También Yoda, convertido en rana voladora con navajita láser. El título es un homenaje a las películas de serie Z, porque haberlo llamado *Las Guerras Clon* era mucho pedir. La mejor característica de la película, sin duda, es la increíble sutileza de sus diálogos[2], preparados para que un analfabeto borracho al que le faltó oxígeno al nacer no tenga el más mínimo problema en seguir la trama.

Ah, y sale una pera flotante.

_____

[1]   George Lucas es muy conocido por darle siempre el mismo número de indicaciones a sus actores: cero. Grandes intérpretes como Alec Guinness o Harrison Ford pueden trabajar en esas condiciones. Hayden Christensen –cuya única línea de diálogo debería ser <<¿Quiere menú extragrande por un euro más?>>– no puede, por lo que sea.

[2]   El mejor de ellos es el encuentro mágico y mítico entre Anakin y Amidala: <<¿Ani?... ¡Vaya! Sí que has crecido>>, a lo que él responde: <<Tú también... en belleza>>.

CURIOSIDADES DE
EL ATAQUE DE LOS CLONES

INNOVANDO

Ésta es la primera película de *Star Wars* en la que la cámara se mueve hacia arriba después del texto de apertura. En todas las otras películas, la cámara se desplaza hacia abajo.

EL QUE SE FUE A SEVILLA

Hayden Christensen fue el único actor de la saga que no pudo escoger el diseño de su sable láser como habían hecho todos los Jedi hasta él. Tuvo que conformarse con usar uno con un diseño muy parecido a aquel que Obi-Wan entrega a Luke en el episodio IV.

Ya contamos que España fue una de las principales opciones para rodar la primera peli y al final fue desechada, pero aquí nos vengamos. Sevilla, y en concreto su plaza de España, es el escenario de un paseíto que se pegan Padmé y Anakin. Dura menos de dos minutos, pero ya sabes sin duda cuál es la escena favorita de toda la saga de tu cuñao.

¿A QUE ACOJONA?

Debido al rechazo que provocó Jar Jar Binks entre todos los fans, el título de *Star Wars: Episodio II. El ataque de los clones* durante su rodaje fue *La gran aventura de Jar Jar*.

Son míticas las primeras apariciones en esta película del Goofy galáctico convertido en miembro del congreso, que mira a cámara y saca la lengua como diciendo a los fans: «Por mucho que hayáis protestado, aquí sigo, lissstos».

En *El ataque de los clones* vemos por primera vez a Yoda empuñando su sable láser. En los episodios IV, V y VI la marioneta que se utilizaba en el rodaje no podía agarrar el sable de manera realista.

HAZTE CON TODOS

En esta película Lucas consiguió realizar uno de sus sueños. Gran admirador de las películas de la Hammer, había tenido a una de sus estrellas en la primera película: Peter Cushing. En ésta logró tener a la otra gran estrella, Christopher Lee, haciendo de conde Dooku, un claro homenaje a la película *Dracula*, en la que los dos participaron y que había sido el papel más famoso de Lee, al menos hasta que interpretó a Saruman.

Christopher Lee, a sus setenta y ocho años de edad, no hizo todas las escenas de pelea, pero la mayoría del trabajo con la espada láser es suyo. Sólo en ciertos momentos se utilizó un doble, cuya cara fue sustituida digitalmente por la de Lee.

VISITE NUESTRO BAR

Cuando Anakin y Obi-Wan persiguen al asesino frustrado de Padmé hasta el bar de Coruscant, puede verse el videojuego *Star Wars Episode I: Racer* en la pantalla de la izquierda.

En este mismo bar puede verse a varios actores de las películas de *Star Wars* cuyas caras no se distinguen debido a los trajes, al maquillaje o a los gráficos por ordenador. Entre ellos están Ahmed Best (la voz de Jar Jar Binks), a quien Anakin toca en el hombro, y Anthony Daniels (C-3PO).

Es en este bar donde Obi-Wan le dice a Anakin una frase que acabaría siendo premonitoria: «Vas a acabar conmigo».

CAMEOS

En la escena en la que Jar Jar propone en el senado que Palpatine tenga más poderes, puede verse al robot de «Perdidos en el espacio» en la esquina inferior izquierda.

Cuando los miembros del senado están votando, a la derecha de los rodianos hay algunos senadores humanos. Uno de ellos es George Lucas, que salía por primera y última vez en su saga.

Jeff Lucas (el hijo de George) aparece como un joven padawan Jedi, y Katie Lucas (la hija de George) aparece como una twi'lek en el bar de Coruscant.

Cuando Anakin, después de morir su madre, se enfurece y mata a los tusken, se puede oír la voz de Qui-Gon gritando: «¡Anakin, no, nooo!». Realmente es Liam Neeson quien grita esa frase, ya que Lucas lo contrató para grabar ésta y otras intervenciones que en la edición final no se usaron.

Ésta es la primera película de la saga en la que aparece un personaje original de los cómics, la Jedi twi'lex de piel azul Aayla Secura. A Lucas le gustó su aspecto y decidió incluirla.

Hasta aparece la saga de *Harry Potter*: la camarera humana del bar de Dexter se llama Hermione Bagwa, como homenaje al personaje de Hermione Granger.

LA CAGAMOS

El ataque de los clones es la única película de la saga que no fue la más taquillera del año en que se estrenó.

A cambio, sí fue la ganadora de los Premios Razzi al peor guión (George Lucas y Jonathan Hales) y al peor actor de reparto (Hayden Christensen).

EPISODIO III
LA VENGANZA DE LOS SITH

¡*Guerra!* La República se
desmorona bajo los ataques del
despiadado lord Sith, el conde
Dooku. Hay héroes en ambos
bandos. El mal está por doquier.

En una contundente jugada, el
diabólico líder droide, el general
Grievous, ha irrumpido en la
capital de la República y ha
secuestrado al canciller
Palpatine, líder del Senado
Galáctico.

Mientras el ejército droide
separatista trata de huir de la
capital sitiada con su valioso
rehén, dos caballeros Jedi
lideran una misión desesperada
para rescatar al canciller
cautivo....

Estamos en las Guerras Clon, o sea, que la peli sigue casi donde acabó la anterior. Al malísimo Palpatine, del que todos siguen pensando que es muy bueno porque hace turismo sostenible y quiere a sus mascotas, lo ha secuestrado uno de los separatistas (acuérdate de que los separatistas son sus colegas haciéndose pasar por terroristas para que él quede de maravilla, como cuando tú cuelgas en Instagram fotos con tu amigo el feo para quedar bien).

Obi-Wan y su discípulo Anakin, que ya ha tenido su viaje de novios al Caribe con pulserita de *all inclusive* y todo, van a rescatarlo del malvado general Grievous, que es lo menos que despachan en hombre, un tipo al que le han ido poniendo cosas metálicas y ahora va más tuneado que tu coche.

A pesar de que Grievous se deja el sueldo en ventolines, consigue escapar, pero los Jedi encuentran a Palpatine prisionero del conde Dooku, el de la cara de Drácula.

Anakin logra vencer a Dooku y Palpatine lo convence de que se lo cargue, que luego con los juicios la cosa se alarga demasiado y mejor darle un poquito de espada láser a tiempo. Vamos, que le haga el láser definitivo.

Los dos llegan a Coruscant y Palpatine, que ha visto lo bullas que es Anakin, le ofrece un puesto como representante suyo, y claro, el Consejo Jedi, que lo tenía todavía con sueldo de becario, se cabrea mucho.

Por si fuera poco, Padmé le cuenta que está embarazada, los dos se ponen muy contentos, pero Anakin, como es el típico cenizo que, cuando todo el mundo acaba de pedirse una copa, dice que se quiere ir, empieza a tener pesadillas con la muerte en el parto de su mujer. Y ya sabemos por su madre que, como éste sueñe que la palmas, mejor que no pagues el Canal Plus de ese mes.

Aquí empieza a liarse una gorda porque a Obi-Wan le encargan vigilar a Palpatine, que cada vez tiene más poder, mientras que Anakin cada vez se está haciendo más colega del emperador, que lo lleva a la ópera y le charla de lo mucho que mola el lado oscuro en plan: «Venga, tonto, si sólo duele un poco al principio, pero luego gusta».

Tan goloso se lo pone, que le empieza a hablar de que en el lado oscuro puede hacer que vuelvan de la muerte otras personas. Y claro, Anakin, que está soñando con que su mujer va a morir, se lo piensa.

Cuando ya lo ve confiado, que ya se ha comprado la camiseta y el abono para todos los partidos del Lado Oscuro Fútbol Club, Palpatine confiesa a Anakin que es un Sith, concretamente Darth Sidious, el más maloso de todos los malos.

Anakin, que tiene buen fondo, va a chivarse al Consejo Jedi, donde Samuel L. Jackson y sus fraggles le dicen que no se lo creen, que menos lobos, Caperucita, y que habla chucho, que no te escucho.

Aun así, Samuel L. Jackson se pasa por el despacho de Palpatine en plan «Alguien ha matado a alguien... Alguien es del lado oscuro...» hasta que lo pone nervioso y lo ataca con los sables láser, y Jackson se pone chulo y lo hace prisionero.

Cuando llega Anakin se encuentra todo el lío, y Palpatine empieza a decirle que Jackson lo ha atacado, así que Anakin, que tendrá mucho poder en la Fuerza pero tiene menos luces que el descampado de un polígono, desarma a Jackson y el Sith le lanza los rayos esos azules que son como de clínica dermoestética y se lo carga. Bravo, Anakin.

Una vez se ha cargado a Jackson, Palpatine nombra a Anakin su nuevo aprendiz y le pone un nombre de Sith... ¿Cuál?... Exactamente, cuñao, lo llama: ¡¡Darth Vader!!

Ya una vez que tiene nombre de malo, Anakin se relaja, como un *hater* de Facebook cuando se abre una cuenta secreta, y se pone a cargarse a gente como si no hubiera un mañana. Para empezar arriba del todo, a los primeros a los que se carga es a los niños que están en la escuela Jedi aprendiendo. Niños buenos y aplicados, menos uno al que le había quedado Fuerza para septiembre.

Palpatine activa la Orden 66, que básicamente significa «Matar a cualquiera que veáis que sea Jedi, aunque lo único que pueda hacer es acercar el mando de la tele cuando se lo ha dejado en la mesilla y no llega con las manos». Para ello usa a los clones, que se van cargando Jedi hasta que sólo quedan Yoda y Obi-Wan, que logran escapar.

Darth Sidious aparece ante el senado contando una milonga. Que los Jedi se habían sublevado contra el gobierno y que les ha tenido que dar matarle. Y los convence de nombrarlo emperador y chapar el senado. Acaba la República Galáctica, comienza el reinado del Imperio.

Mientras tanto, Yoda y Obi-Wan han llegado a la escuela Jedi y han visto la escabechina que han hecho con los niños. Revisan las cámaras de seguridad, como cuando roban en el Ahorramás de mi barrio, y se dan cuenta de que ha sido Anakin el matarife. Obi-Wan sale a por él como un miura enfadao.

Anakin ha ido a ver a su mujer al planeta Mustafar, que debe de ser donde vive el padre de *El Rey León*. Y, por lo que sea, a Padmé no le parece bien que su marido se una al lado oscuro y lo manda a la mierda, que han puesto un columpio. Vader se enfada mucho y trata de ahogar a su mujer, menos mal que llega Obi-Wan y los dos luchan a los pies de un volcán, que lo mismo no es el sitio más seguro, pero que no te queda otra cuando estás muy quemao.

La verdad es que Anakin no estaba especialmente hábil para luchar, Obi-Wan le da la del pulpo: le corta un brazo, las dos piernas, lo pone a cocinar en el volcán como si fuera una barbacoa de chuletas de cordero... Anakin acaba la lucha peor que un cochinillo en una boda.

Sin embargo, poco después, Palpatine rescata a Vader y envía a sus tropas para reactivarlo con implantes cibernéticos y prótesis en sus extremidades. El cuerpo de Vader es sometido a la curación artificial de sus heridas e introducido en un traje metalizado de color negro, que le otorga una nueva apariencia robótica. Vamos, lo que viene siendo Darth Vader de toda la vida.

Mientras tanto, Padmé se ha puesto de parto, y la cosa va regular. Antes de morir, da a luz a dos gemelos a los que llama Luke y Leia... (¿Ves como *Star Wars* mola, cuñao, incluso las precuelas?)

Como los niños son hijos de quien son y es probable que salgan conflictivos, deciden que se críen separados. Leia es

llevada a Alderaan, para vivir con la reina y Bail Organa, y Luke es llevado a Tatooine para vivir con Owen y Beru, sus tíos.

Por un largo período de tiempo, Obi-Wan vigilará a Luke, y Yoda vivirá como exiliado en el planeta Dagobah, espe-

rando el crecimiento de los hijos de Padmé y Anakin, las úni-
cas esperanzas de rescatar a la galaxia del nuevo Imperio
Galáctico, encabezado por el emperador Sith Darth Sidious
y su nuevo aprendiz, Darth Vader.

FIN

El momento culminante de la segunda trilogía, el momento que todos estábamos esperando. El instante en el que Anakin Skywalker traicionará a los Jedi y caerá definitivamente en el lado oscuro. Una historia repleta de ecos shakespearianos[1].

No.

La verdad es que Anakin pasa de ser un idiota a caer en el lado oscuro en siete minutos de película, básicamente porque el Consejo Jedi le niega un ascenso. Por tanto, cuando Darth Sidious es revelado, Anakin se arrodilla inmediatamente ante él, por supuesto. Qué se habrán creído esos Jedi.

La película tiene, en realidad, una escena medio bien contada, que es el duelo final entre Obi Wan y Anakin, con un tema musical oscuro y poderoso, otra obra cumbre de Williams. Afortunadamente, Lucas no defrauda, y cuando saca por fin a Darth Vader consigue arruinarlo todo con un <<Noooooooooooooooooo>> más largo que lo que te ha llevado leer esta página[2]. Pero realmente lo que más me fastidia de todo es que Lucas debía de querer remarcar lo importante que era su película y los personajes están sonriendo todo el rato. En serio, vuélvela a ver y mira cómo sueltan líneas de diálogo que no son divertidas y se ponen a sonreír sin motivo alguno. Gracias, Lucas.

---

1 Nonianos.

2 Creo que aún no ha terminado.

CURIOSIDADES DE
LA VENGANZA DE LOS SITH

ME PONE UN BOGA Y UNAS BRAVITAS

El nombre del lagarto sobre el que cabalga Obi-Wan Kenobi es *Boga*, que, en realidad, es el nombre de una bebida que se toma mucho en Túnez, donde se rodaron varias escenas de ésta y otras películas de la saga.

YOU TALKIN' TO ME?

El que Palpatine se saque su espada láser de la manga es un homenaje a *Taxi Driver*, donde el personaje de Robert De Niro lo hacía con su pistola.

A MÍ NADIE ME TOSE

En la versión original la tos del general Grievous es la de George Lucas, la grabó durante un momento de la producción en la que enfermó. Me lo imagino también echándose un ducados para darle más credibilidad.

YO SOY TU MULO

Hayden Christensen tuvo que meterse en el gimnasio y ganar once kilos de puro músculo para poder llenar el traje de Darth Vader. Lucas pidió además que el traje pesara más de lo necesario para que Christensen no se encontrara a gusto dentro de él y se moviera con torpeza. Al fin y al cabo, cuando vemos a Vader en el episodio IV lleva años llevándolo y por eso está acostumbrado a él, pero aquí lo acaba de estrenar. Estás en todo, Lucas.

EL EQUIPO MÉDICO HABITUAL

El mismo equipo de droides que repara la mano de Luke Skywalker en el episodio V es el que salva a Anakin y lo convierte en Darth Vader.

TÚ BAILANDO EN TU VOLCÁN...

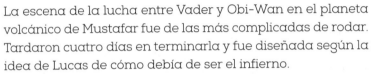

La escena de la lucha entre Vader y Obi-Wan en el planeta volcánico de Mustafar fue de las más complicadas de rodar. Tardaron cuatro días en terminarla y fue diseñada según la idea de Lucas de cómo debía de ser el infierno.

Quiso la casualidad que en aquel momento el volcán Etna entrara en erupción y se mandó a un equipo a rodar allí para tener imágenes de lava auténtica.

McGREGOR, COMADRONA DE MUÑECOS

Para algunas de las escenas del parto de Padmé se utilizaron unas marionetas anatómicas como los bebés Luke y Leia. El encargado de manejarlas fue el actor Ewan McGregor, que estaba tan metido en la película que hacía todo lo que podía. Cuando se iban todos a casa se quedaba fregando el plató y sacándole brillo a R2-D2.

VEN A VER AL NIÑO ANTES DE QUE CREZCA

La venganza de los Sith iba a ser la última película de la saga *Star Wars* que se rodase, al menos eso pensaba Lucas, que jamás tuvo intención de acabar las nueve películas que alguna vez había dicho que completarían la saga. Debido a ello, el set de rodaje recibió la visita de muchas personalidades del mundo del cine que eran fans de *Star Wars* y querían despedirse de la saga. Steven Spielberg, Francis Ford Coppola, Robert De Niro, Elijah Wood, Dean Devlin o Liam Neeson fueron sólo algunos de los que visitaron el plató.

YO, TARZÁN, TÚ, WOOKIE

Durante la guerra entre el Imperio y los wookies, podemos escuchar a uno de los vecinos de Chewbacca haciendo el característico grito de Tarzán.

ADIÓS, ZORRO, ADIÓS

La venganza de los Sith es la última película cuyos derechos de distribución pertenecen a FOX. En 2012 Disney compró Lucasfilms y, tanto *El despertar de la Fuerza* como las películas que lleguen a continuación serán completamente Disney.

FOX mantendrá en su poder los derechos de los episodios I a VI hasta 2020, momento en el que pasarán también a ser propiedad de Disney... Miedo me da que recuperen a Jar Jar Binks.

¡OH, SÍ!

Las últimas palabras que dice C-3PO en este filme son las mismas que las primeras en el episodio IV: «¡Oh, no!».

EPISODIO VII
EL DESPERTAR DE LA FUERZA

Luke Skywalker ha desaparecido.
*En su ausencia, la siniestra
PRIMERA ORDEN ha surgido de
las cenizas del Imperio y no
descansará hasta que Skywalker,
el último Jedi, haya sido
destruido.*

*Con el apoyo de la **REPÚBLICA**,
la general Leia Organa dirige
una valiente **RESISTENCIA**.
Desesperadamente busca
a su hermano Luke con el fin
de obtener su ayuda para
restaurar la paz y la justicia
en la galaxia.*

*Leia ha enviado a su piloto
más audaz en una misión secreta
a Jakku, donde un viejo aliado
ha descubierto una pista
del paradero de Luke....*

Han pasado treinta años desde la batalla de Endor y lo primero que descubrimos es que no han cambiado mucho las cosas en la galaxia. Los rebeldes ahora se llaman la Resistencia y siguen luchando con el Imperio, que, después de la muerte de Palpatine, se ha ido convirtiendo en la Primera Orden. Vamos, que están las cositas como estaban.

Nos encontramos en el planeta Jakku, donde aparece Poe Dameron, un gran piloto con cara de necesitar el cepillo de las cejas cada veinte minutos, para conocer a Lor San Tekka, un tío que, si no fuera porque estamos hace muchos años y en una galaxia muy lejana, cualquiera diría que es clavadito a Max Von Sydow.

San Tekka (patrón de las cocinas) le entrega a Poe un USB y le dice que es el mapa que falta para encontrar a Luke Skywalker, que desde Endor está desaparecido. En ese momento un montón de naves de la Primera Orden aparecen en Jakku, no se sabe si porque han parado a hacer un pis y repostar, y atacan el poblado donde están Poe y Tekka.

Poe, cuando ve que la cosa se está poniendo regu, decide esconder el mapa dentro de su droide BB-8, un R2-D2 que, en vez de andar como las muñecas de Famosa, tiene una bola por pies.

Una vez el poblado ha sido controlado por los malos, sale de una nave un tío que va de negro y tiene capa y una máscara que le cubre la cara... No, no es Darth Vader, es Kylo Ren.

Kylo pide a Tekka el mapa y, cuando éste no se lo da, se lo carga. Poe intenta defenderlo disparándole un láser, pero Kylo lo detiene en mitad del recorrido. Esto quiere decir que Kylo domina la Fuerza y que, como sirve a los malos, es un Sith.

Poe es apresado y BB-8 escapa con el mapa por el desierto de Jakku.

Durante el ataque hemos visto una cosa muy sorprendente, uno de los soldados de asalto ha visto cómo moría uno de sus compañeros, el cual le ha marcado con los dedos tres líneas de sangre en la máscara. Cuando Kylo ordena matar a todos los rebeldes del poblado, este soldado hace como que dispara, pero se niega a matar a nadie ¿Un soldado bueno? ¿Estamos locos, J. J.?

Kylo interroga a Poe y, cuando ve que no consigue que le diga dónde está el mapa, hace trampas usando la Fuerza y le saca la información de que lo tiene BB-8 (Poe, acusica, gallina, capitán de las sardinas).

Descubrimos que el soldado de las tres rayas en el caso es FN-2187 y que deserta de la Primera Orden después de que su jefa, Phasma, que es como un soldado normal pero con el traje decorado por una madre, en plata.

Los dos hombres roban un caza TIE y huyen del destructor estelar. Al no tener un nombre real propio porque ha sido arrancado de su familia al nacer para ser criado como soldado, Poe decide bautizar a FN-2187 como Finn.

Mientras van a Jakku a rescatar a BB-8 un misil destruye su nave y se estrellan en el desierto. Finn ha sobrevivido al choque, de Poe sólo queda su chaqueta de piloto, y Finn se la pone mientras sale corriendo antes de que la nave sea absorbida por la arena. A estas alturas de la película, si hubiera que apostar por que Poe sigue vivo nadie lo haría. Pero tampoco nadie daba un duro por las tiendas de yogur helado y ahí las tienes, petándolo.

Tras horas de caminata, Finn logra dar con una joven chatarrera llamada Rey que se dedica a desmontar naves abandonadas para vender las piezas, que arranca los cables de la luz para vender el cobre y que va con la furgoneta por si alguien saca un sofá a la calle.

Rey ha encontrado a BB-8 y, aunque ha intentado librarse de él, el robot es tan cansino como un perrillo. Pero la Primera Orden los ha localizado y se ponen a dispararles como disparan ellos, con la puntería regu.

Huyendo tratan de pillar una nave para salir volando, y encuentran una que Rey dice que mejor no cogerla porque es un montón de chatarra. Tratan de coger otra más nueva y el ejército la destruye, así que tienen que conformarse con el montón de chatarra, que no es otro que... ¡¡¡el *Halcón Milenario*!!! (Emoción en el cine, cuarentones con barriga y camiseta de Darth Vader con los ojos llenos de lágrimas mientras los niños más jovencitos no entienden por qué llora su padre y cogen un puñado más de palomitas.)

Logran escapar en una espectacular persecución sobre la superficie del planeta, y ya en el espacio, son interceptados por un carguero espacial. Se esconden de los abordantes, quienes resultan ser Han Solo y Chewbacca. «Chewie, estamos en casa.» (Los cuarentones sacan un clínex, se suenan los mocos, se limpian las gafas empañadas; los niños piensan que su padre está ya muy mayor y dan un sorbo a la coca-cola.)

Han les cuenta que el *Halcón Milenario* le fue robado hace años y que, desde entonces, lo ha estado buscando. Rey pregunta a Han Solo cosas sobre la leyenda de Skywalker. Solo le dice que Luke trató de reconstruir la Orden Jedi poniendo una escuela para enseñar a niños las cosas de la Fuerza, pero uno de sus estudiantes se rebeló contra él y se unió al lado oscuro, y Luke se dio cuenta de que el magisterio le estaba saliendo fatal y desapareció antes de cagarla más. Es un poco como si vas a dar un curso sobre salud y calidad de vida y tienes de alumno a Charlie Sheen.

De repente son atacados por unos piratas espaciales que buscan a Han Solo y que se visten como los macarras de *Karate Kid*, pero logran escapar, aunque éstos informan sobre la intervención de Han Solo en la huida del droide que persigue la Primera Orden.

Conocemos ahora el nuevo centro de operaciones de los malos. Un planeta entero convertido en una superarma, vamos, como la Estrella de la Muerte pero sostenible. Allí encontramos a Kylo Ren hablando por Skype con el líder supremo de la Primera Orden, que se llama Snoke y al que vemos muy borroso porque la cobertura debía de estar floja, pero que intuimos que tiene la cara como si le hubiera pasado por encima el desfile de las fuerzas armadas entero, con la cabra y todo. La nueva base de los malos se llama Starkiller.

Snoke le dice a Kylo que tiene que encontrar a Luke y matarlo antes de que vuelva a regenerar la Orden Jedi y que, para completar su camino al lado oscuro, deberá enfrentarse con su padre... ¡¡Han Solo!! (El padre tripón no puede cerrar la boca de la emoción, el niño porque la tiene llena de kikos y porque no se acaba de enterar muy bien de quién es Han Solo.)

Han, Rey, Chewbacca, Finn y BB-8 viajan hasta el planeta Takodana, donde conocen a la pirata intergaláctica Maz Kanata, quien podría ayudar a llevar a BB-8 con la Resistencia. Maz es una mezcla de Yoda y Rompetechos enamorada de Chewbacca que ha logrado cumplir el sueño de todo español, poner un bar, y parece saber más de lo que aparenta.

Finn, que está cagado de que la Primera Orden lo encuentre y lo obligue a ponerse otra vez el casco de motorista ese que llevan que da tanto calor y que te arruina el cutis, decide que se va a quitar de en medio y se va a ir en la nave de unos colegas.

Rey se da un rulo por el castillo de Maz Kanata y, de repente, empieza a oír unas voces extrañas. Entra como en una especie de viaje de setas holandesas y comienza a recorrer los sótanos del castillo donde encuentra ¡¡¡el sable de Anakin Skywalker!!! (El padre tiene los puños tan apretados que se ha hecho heridas en las palmas; el niño se va a mear.)

Luke perdió el sable en *El Imperio contraataca*; cuando Vader le cortó la mano, aparentemente cayó por un túnel de ventilación perdiéndose en el espacio de la Ciudad de las Nubes. Es el mismo sable que Obi-Wan le quitó a Anakin en el episodio III después de dejarlo como al *Ecce Hommo* de Borja en Mustafar y el mismo que le entregaría a Luke en *Una nueva esperanza*. ¿Cómo ha llegado ahí? Pues para eso habrá que ver el episodio VIII o secuestrar a J. J. Abrams.

Al tomar el sable de luz, Rey tiene una visión sobre algunos hechos pasados y futuros.

Después de escuchar a Obi-Wan y a Yoda diciéndole cosas, Rey despierta del viaje de setas con el culillo apretao. Dice que tiene que volver a Jakku a esperar a su familia, que supuestamente va a volver a buscarla allí. Maz Kanata le dice que ni familia ni familia, que ella tiene que buscar a Luke porque la espada la ha llamado.

Rey sale corriendo en plan: «¿Si ya saben cómo me pongo, pa' qué me invitan?» seguida por BB-8.

La Primera Orden decide probar cómo funciona la base Starkiller cargándose media galaxia. Finn, que ve que la Primera Orden ha empezado a liarla parda usando el planeta en el que él trabajaba, decide volver con Han Solo por si puede ayudar. Kanata le da el sable de luz de Luke para que se lo dé a Rey cuando la encuentre.

Los malos llegan al planeta de los buenos y lo atacan buscando a BB-8. Finn tiene que usar el sable y lo hace como yo cuando tengo que usar la plancha... Cuando parece que los malos están a punto de ganar aparecen un montón de naves de la República a salvarlos capitaneados por ¡¡¡Poe Dameron!!! (El padre cuarentón en ese momento da una cabezadita, el niño se emociona mucho al ver que Poe sigue vivo y deja las palomitas un rato.)

Mientras tanto, en el bosque Rey y BB-8 se separan al notar el asedio de la Primera Orden. Ella se queda atrás con el fin de ganar tiempo para que BB-8 pueda escapar, pero es capturada por Kylo Ren.

Kylo se la lleva a su nave y le hace una lectura de datos de la mente, y así descubre que ella ha visto el mapa que lleva a Luke. Decide que le va a rebañar la cabeza hasta sacarle el mapa completo.

Han, Finn, Chewbacca y BB-8 se reúnen finalmente con Leia, C-3PO y R2-D2 (que desde la desaparición de su amo Luke se ha puesto en modo avión y ni recibe ni manda llamadas). Leia y Han se funden en un abrazo. (El padre se despierta y se sorbe los mocos de emoción, el niño se saca un moco sin entender nada.)

La base Starkiller planea destruir el sistema estelar de la base de la Resistencia. Leia envía a Solo, Chewie y Finn para infiltrarse en la base, pero antes de partir le pide a Solo que traiga de vuelta a su hijo Kylo. El niño le había salido

162

rebeldón, el niño fue el que consiguió que Supernanny se pidiera la baja. El niño tenía las puertas de la casa llenas de abollones de patadas.

Mientras se preparan para atacar la base, Rey resiste las torturas mentales de Kylo Ren con la Fuerza para extraer el mapa estelar desde su mente. Pero de repente Rey se pone a hacerle lo mismo a Kylo, con lo que los dos descubren que ella posee la Fuerza.

Kylo va corriendo a contarle a Snoke que ha encontrado a una posible Jedi. Rey, que se ha venido arriba con lo de dominar mentes y convence a un soldado de que la libere y escapa.

Los del *Halcón* llegan al planeta Starkiller y capturan a la capitana Phasma, la plateada, la que va vestida de adorno de salón de madre, y la obligan a desactivar los escudos de toda la base, permitiendo así el acceso a las naves estelares Ala-X de la Resistencia.

Poco después se encuentran con Rey y deciden instalar explosivos en toda la base para ayudar a las tropas espaciales que vienen a atacarla.

Mientras Han coloca un explosivo, ve pasar a distancia a su hijo y entonces decide confrontarlo llamándolo por su nombre de nacimiento: Ben. (El padre, que está viendo la película doblada, no sabe si se llama Ben o si Han le dice que venga.)

Han le dice que vuelva a casa, que aún tienen el cuarto como lo dejó, que su madre no le ha dejado convertir su habitación en una sala de billar como él quería. Kylo hace como que se lo está pensando, se pone totalmente *drama queen* en plan «ayúdame, papá, échame una mano, primo, que viene mi novio a verme» y, cuando menos se lo espera nadie, le pega un sablazo láser a su padre y lo ensarta como una brocheta. Han Solo, mirando aterrado a su hijo, cae. ¡¡Han Solo ha muerto!! (El padre ahora sí que rompe a llorar; el hijo, que había empezado a cogerle cariño a ese señor mayor, también. Los dos se cogen de la mano unidos en el dolor, el hijo lo mira como diciendo: Yo nunca te haría eso, papá, pero cómprame un sable láser...)

Rey, Finn y Chewbacca alucinan viendo cómo Kylo se ha cargado a su padre, Chewie le dispara, pero no le da tiempo a rematarlo porque ha comenzado el ataque a la base Starkiller y tienen que huir hacia el *Halcón* para escapar antes de que aquello se convierta en una piñata de cumpleaños y empiece a recibir palos por todos lados.

Rey y Finn son localizados por Kylo Ren. Primero Finn se enfrenta con él usando el sable de Anakin, pero Kylo lo derrota sin problemas. Como el Sith piensa que ese sable es suyo puesto que pertenecía a su abuelo Vader (¡qué mayores nos hacen!) intenta usar la Fuerza para atraerlo, pero... Rey tiene el imán con más potencia que él y se lo quita. (El hijo del cuarentón, que se ha pasado toda la peli pensando si quiere ser como Finn o como Poe, decide que lo que mola de verdad es ser Rey y se emociona mucho al verla usar la Fuerza. El padre mira fijamente la pantalla mientras piensa «¿Cómo ha podido morir Han Solo?».)

Rey le da una paliza a Kylo aprovechando que está herido (que si no, ni sable ni nada, la pone fina), pero cuando va a rematarlo la tierra se abre y los separa a los dos en plan «vamo a calmarno». La grieta anuncia que el planeta está a punto de ser destruido por los buenos. Afortunadamente, Chewbacca aparece con el *Halcón Milenario* y rescata a Finn y a Rey antes de que estallen también y nos dejen sin secuelas.

Snoke ordena al jefe de la Primera Orden que salve a Kylo, que tampoco ha terminado aún su entrenamiento como Sith.

Los buenos vuelven a la base, donde a Leia se le ha puesto el pelo lacio de tristeza al adivinar mediante la Fuerza que Han Solo, el amor de su vida, ha muerto. Chewbacca está tan triste que se pone un disco de Maná y sólo cuelga fotos de atardeceres en Instagram.

Pero de repente R2-D2, al cruzarse con BB-8, sale del modo avión en el que llevaba años y, entre el mapa que lleva BB y el que tenía guardado R2, encuentran por fin el paradero de Luke Skywalker.

Rey llega a la montaña del planeta donde está Luke, se pone a subir una cuesta que no la ve uno ni en los documentales de Discovery Max y cuando llega arriba, encuentra a un envejecido Luke, el último maestro Jedi. No hablan, no lo necesitan, simplemente ella, sin mediar palabra, le muestra el sable láser de su padre y los dos se quedan mirándose fijamente como echando un serio.

FIN

(El padre sale pensando que hay que ver la continuación para saber qué ha pasado con Luke; el hijo piensa que hay que verla para saber qué pasa con Kylo... Los dos volverán juntos al cine.) 🔅

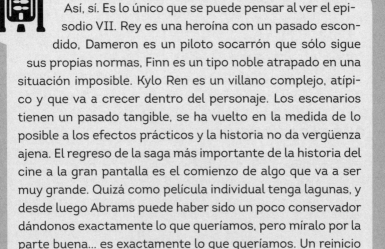

Así, sí. Es lo único que se puede pensar al ver el episodio VII. Rey es una heroína con un pasado escondido, Dameron es un piloto socarrón que sólo sigue sus propias normas, Finn es un tipo noble atrapado en una situación imposible. Kylo Ren es un villano complejo, atípico y que va a crecer dentro del personaje. Los escenarios tienen un pasado tangible, se ha vuelto en la medida de lo posible a los efectos prácticos y la historia no da vergüenza ajena. El regreso de la saga más importante de la historia del cine a la gran pantalla es el comienzo de algo que va a ser muy grande. Quizá como película individual tenga lagunas, y desde luego Abrams puede haber sido un poco conservador dándonos exactamente lo que queríamos, pero míralo por la parte buena... es exactamente lo que queríamos. Un reinicio que nos permita establecer, sobre la firme base de lo conocido, los nuevos caminos que recorreremos por las galaxias a bordo del *Halcón Milenario*, para no dejar jamás de mirar a los soles gemelos con el aire soñador del héroe que aún no sabe que está destinado a serlo.

CURIOSIDADES DE
EL DESPERTAR DE LA FUERZA

SE NOS MATA ANTES

Harrison Ford se rompió el tobillo durante el rodaje en el *Halcón Milenario* cuando metió el pie en un hueco del suelo. Un tiempo después, J. J. Abrams reveló que él se lesionó la espalda tratando de sacar al actor.

Además, Ford tuvo un accidente durante el rodaje pilotando su avión que hizo temer que no pudiera acabar la película. Carrie Fisher le dijo mediante la prensa: «Querido Harrison, la próxima vez piloto yo».

¿QUÉ PASA CONTIGO, TÍO?

Oscar Isaac le contó a J. J. que su tío era un gran fan de la saga. Abrams le mandó una invitación para visitar el set y una vez allí le preguntó si quería aparecer como extra; aceptó sin dudarlo, qué tío.

CARAS VIEJAS, NUEVAS CARAS

Hugo Weaving y Michael Fassbender fueron candidatos para interpretar a Kylo Ren, pero Abrams quería actores poco conocidos, al igual que había hecho Lucas en el episodio IV, así que el papel finalmente cayó en las manos de Adam Driver.

Elizabeth Olsen, Jennifer Lawrence y Shailene Woodley fueron consideradas para el papel de Rey. De nuevo, J. J. Abrams prefirió a una actriz poco conocida y se decantó por Daisy Ridley.

De hecho, Mark Hamill, Carrie Fisher, Harrison Ford, Peter Mayhew, Kenny Baker y Anthony Daniels son los únicos actores de la trilogía original que regresaron para el séptimo episodio.

En el verano de 2013 salió a la luz que Carrie Fisher y Mark Hamill habían empezado una dieta estricta y con mucho ejercicio para ponerse a punto de cara a interpretar a Leia y a Luke.

Es el debut cinematográfico de Billie Lourd, hija de Carrie Fisher, que lleva las mismas ensaimadas de su madre en la primera película.

LA ESCENA SOÑADA POR LOS FANS

J. J. Abrams dijo que le gustaría rodar una escena en el desierto en el que se pudiese ver el esqueleto de Jar Jar Binks durante unos pocos segundos. No pudo porque, como hemos contado, los derechos de los personajes de las secuelas aún pertenecen a la FOX.

SOPA DE MADRE. UN HOMENAJE A LA SAGA

En *Una nueva esperanza*, Darth Vader encierra a Leia en la celda 2187. Finn responde al nombre FN-2187 como soldado imperial, en un claro guiño a la película original dirigida por George Lucas.

Mark Hamill tenía la misma edad (63) mientras rodaba su papel en *El despertar de la Fuerza* que Alec Guinness cuando filmó la cinta original de *Star Wars* en 1977.

Starkiller, el apellido que pudo tener Luke antes de que George Lucas decidiera que le gustaba más Skywalker, es el nombre de la nueva Estrella de la Muerte.

Frank Oz y Ewan McGregor prestan de nuevo sus voces a Yoda y Obi-Wan Kenobi para una de las escenas claves: la de Rey descubriendo la espada de Luke en los sótanos del castillo de Maz Kanata.

El actor Warwick Davis aparece en las tres trilogías de la saga. En la original interpreta a Wicket en *El retorno del Jedi*, en las precuelas es Wald en *La amenaza fantasma* y en *El despertar de la Fuerza* da vida a Wollivan.

En *Una nueva esperanza*, Han Solo se chulea de que el *Halcón Milenario* recorrió el Corredor de Kessel, una ruta de contrabandistas, en 12 parsecs.

En *El despertar de la Fuerza* vuelve a recordarnos que consiguió esa marca. Supuestamente, 18 parsecs es la distancia normal para cruzar el Corredor de Kessel.

Hasta las gafas que usa Rey cuando va a por chatarra están hechas de los visores de los soldados imperiales.

Como recordaréis de *El retorno del Jedi*, Han le cede el *Halcón Milenario* a Lando para atacar la Estrella de la Muerte y el muy torpe termina rompiendo la antena. Pues en *El despertar de la Fuerza* vemos que han sustituido la antena circular por una rectangular.

En el episodio IV, cuando Obi-Wan apaga el rayo tractor en la Estrella de la Muerte, dos soldados hablan sobre el V-16. Pues bien, en *El despertar de la Fuerza* se ve a dos soldados hablar sobre el nuevo modelo V-17. Como los iPhone.

Una de las escenas más míticas del episodio IV es la del compactador de basura. En esta nueva entrega, Han sugiere que Phasma termine allí, igual que él hace treinta años.

EL GRITO DE TODAS

La historia del grito Wilhelm es de las más divertidas del cine. Fue un grito grabado en la película de 1951 *Tambores lejanos* y que pasó al archivo de sonidos de la Warner. Desde ese momento ha aparecido en miles de películas cada vez que hacía falta un grito desesperado.

Ben Burtt, el creador de la mayoría de sonidos de la saga de *Star Wars*, recuperó ese grito para la primera entrega y desde entonces ha salido en todas. Esta séptima parte no podía ser menos y suena cuando Finn y Poe escapan con el caza y el exsoldado dispara contra el hangar.

Otra de las grandes frases que ha sido dicha en todas las películas de la saga es «Tengo un mal presentimiento». En esta es Han quien la dice, haciendo un gran homenaje.

KYLO REN, CARA Y CRUZ

Mucho se ha especulado sobre el sable de Kylo, ese sable en forma de cruz con tres guardas y que tiene un filo roto, no como el resto, uniformes. En el diccionario visual de la película nos explican que su Cristal Kyber (el cristal que genera el haz de láser) está dañado y que las guardas, además de para proteger sus muñecas de ser mutiladas en una pelea como tantas veces ocurre, sirven para estabilizar el cristal estropeado.

SÁCAME AUNQUE NO SALGA

Como en las anteriores películas, muchos amantes de la saga han accedido a hacer papeles en ella aunque no se les vea, sólo por amor a la galaxia.

Daniel Craig, el James Bond, es el soldado imperial al que Rey convence con sus poderes de que la libere nada más empezar a dominar la Fuerza.

Ken Leung y Greg Grunberg también aparecen en la película formando parte de los rebeldes. Estos dos personajes aparecieron en «Perdidos», también de J. J. Abrams.

Nigel Godrich, el productor de Radiohead, aparece en la película, aunque nadie podría reconocerlo. Es FN-9330, un soldado de la Primera Orden.

TRIUNFAR SIN SALIR DEL CAMERINO

El segundo *teaser trailer* consiguió veinticuatro millones de visitas en YouTube en menos de veinticuatro horas.

A noviembre de 2015, un mes antes del estreno, la película ya había recaudado cincuenta millones de dólares sólo a través de la venta de entradas anticipadas. Es el doble de lo que consiguió en 2012 *Los juegos del hambre*, que ostentaba el primer puesto en la categoría de cinta con mayor recaudación en preventas. 🦅

EPISODIO IX:

PERSONAJES MUY MUY CERCANOS

DARTH VADER

EL OJO DE PROWSE

David Prowse era un tiarrón de dos metros al que no lo tumbas ni dándole un cocido en agosto. Lucas lo conocía y lo llamó para ofrecerle el papel de Chewbacca, pero cuando Prowse vio que iba a tener que ir dentro de un traje toda la película protestó. Lucas le dijo que no se preocupara, que tenía otro papel que él podía aceptar y le ofreció el de Vader, quien, en principio, sólo iba a llevar casco en algunas escenas.

CASCO NO RETORNABLE

Y es que, al principio, Vader sólo iba a llevar casco en las escenas en las que tuviera que pilotar una nave en el espacio, pero cuando Lucas vio la fuerza estética que tenía el diseño de Ralph McQuarrie, decidió que el personaje lo llevaría siempre y David Prowse pensó: «Alguien me está vacilando».

¡¡DEJADME HABLAR!!

Prowse pensó que al menos su voz sí que sería la que aparecería en la película, pero las grabaciones con el casco dejaban su voz muy apagada y tampoco tenía un vozarrón para estar en los Tres Tenores.

En un principio, Lucas ofreció a Orson Welles ser la voz de Vader, ya había doblado los tráilers de *Tiburón* y era muy admirado por Spielberg y Lucas. Luego pensó que su voz era demasiado reconocible y contrató a James Earl Jones.

A MÍ NO ME SAQUES

Como las madres en los vídeos de la playa, James Earl Jones pidió a Lucas que no lo sacara en los títulos de crédito de la película porque pensaba que iba a ser un fracaso espantoso y podría ser perjudicial para su carrera que se lo relacionase con ella.

MIFUNE ESTÁ OCUPADO O FUERA DE COBERTURA

Ya hemos contado que Akira Kurosawa, y en concreto su película *La fortaleza escondida*, fue una de las principales influencias de la primera peli. Por lo tanto, es lógico que Lucas tratara de contratar a su protagonista: Toshiro Mifune, una estrella del cine japonés y el colaborador habitual de las películas de Kurosawa. Durante años se ha sabido que rechazó el papel de Obi-Wan Kenobi y que Lucas decidió dárselo a otro de los protagonistas de otra de las películas clave para *Star Wars*: Alec Guinness por *Lawrence de Arabia*.

Pero recientemente, la hija de Mifune ha contado que, al rechazar hacer de Obi-Wan, Lucas le ofreció ser Darth Vader y que el actor lo volvió a rechazar. Si hubiera aceptado, Lucas jamás se habría planteado poner el casco permanentemente a Vader y la historia habría sido muy diferente.

VADER VS. SUPERMAN

Antes de interpretar a Vader, Prowse era básicamente un constructor de cuerpos: entrenaba a los actores para conseguir el cuerpo que necesitaban para cada papel. Esto hizo que fuera elegido para entrenar a Christopher Reeve y convertirlo en Superman.

En algún momento, en algún gimnasio de Los Ángeles, Darth Vader compitió contra Superman.

LA QUE HAS LIADO, POLLITO

Ahora nos resulta muy difícil imaginarlo, pero Vader no era, en la primera película, el personaje tan importante que llegaría a ser y mucho menos Lucas pensaba centrar la saga en él. De hecho, en la primera peli sólo aparece doce minutos y haciendo un papel bastante secundario de sicario del comandante de la Estrella de la Muerte. Sin embargo, el impacto de su presencia fue tan fuerte que inmediatamente todo el mundo salió buscando un muñeco, un póster…, lo que fuera de «el malo de *Star Wars*».

La venta de muñecos de Vader fue lo que convenció a Lucas de que tenía algo muy grande entre manos. Decidió cambiar sus planes en los cuales Anakin Skywalker y Darth Vader eran personas diferentes y rediseñó toda su idea de la saga para centrarla en él. En los guiones originales, Vader era el servidor de un maestro Sith llamado príncipe Valorium. Aunque Lucas nunca lo ha confirmado, es fácil pensar que este personaje era el destinado a acabar siendo Anakin y lo que hizo Lucas fue fusionar a los dos personajes en uno solo.

Si tu cuñao flipa con que Vader sólo apareciera doce minutos en *La guerra de las galaxias*, lo dejarás completamente bocas si le cuentas que en *El silencio de los corderos*, Hannibal Lecter también aparecía sólo doce minutos y encima ganó el Oscar al mejor actor. David Prowse no lo ganó, nos da penica Prowse.

TAN TAN TAN, TAN TACHÁN, TAN TACHÁN

Una prueba de la poca importancia que Lucas le había dado a Vader es que ni siquiera tenía su propio tema en la banda sonora de John Williams, una partitura que había creado una canción para cada uno de sus protagonistas. Hasta *El Imperio contraataca* Williams no compuso la *Marcha imperial*, el tema que aparece en cada una de las escenas de Vader y que es, sin duda, una de las músicas más emocionantes de toda la saga.

LA FAMILIA Y UNO MÁS

Cuando se habla de los actores que han interpretado a Vader siempre se nombra a David Prowse, James Earl Jones (voz), Sebastian Shaw (viejo), Jake Lloyd (niño) y Hayden Christensen (joven). Sin embargo, hay un Vader más, en pantalla el sexto Vader fue Bob Anderson, quien desempeñó el papel de doble de acción de David Prowse para las peleas con sables de luz en *El Imperio contraataca* y *El retorno del Jedi*. Anderson era un esgrimista olímpico y un famoso coreógrafo de lucha en películas como *La princesa prometida*, *El Señor de los Anillos* y *Los inmortales*. ¿Ves, Prowse? Te quejas de vicio.

NO TRAJE TRAJE

Aquí sí va a flipar tu cuñao. El traje de Vader no es el mismo de una película a otra. El de *Una nueva esperanza* no es el mismo que se ve en *El Imperio contraataca*, y ninguno de ellos es el mismo que el de *El retorno del Jedi*. ¿Qué, exactamente, cambia entre las películas? La forma y dimensiones del casco, sobre todo en la parte posterior, y cientos de pequeños retoques.

Si no te cree, tira de Google y enséñale fotos de cada peli. Y de paso le cuentas que el traje usado por Hayden Christensen en el episodio III también fue notablemente diferente en cuanto a la forma, porque tuvo que ser construido específicamente para adaptarse a su cuerpo.

MÁS MALOS QUE LA QUINA

Se da una cosa muy curiosa si pensamos en cuándo hicieron su aparición por primera vez en pantalla cada uno de los cuatro lord Sith y en cuántos episodios han salido en total.

Darth Maul estuvo en una película, y su debut fue en el episodio I. El conde Dooku estuvo en dos, y su debut fue en el episodio II. Darth Vader estuvo en cuatro, y su debut fue en el episodio IV. Sidious estuvo en cinco, y su debut fue en el episodio V, como un holograma.

Cada lord Sith de la saga estuvo en tantas películas como el número del primer episodio donde apareció. Es curioso y seguramente casual, esto no se lo cuentes a tu cuñao, que va a decir seguramente: «Hay que estar muy gilipollas para llegar ahí» mientras se pone a pensar en combinaciones y constantes para rellenar la quiniela.

VADER Y SALAMANCA

Una de las muchas cosas molonas que se pueden hacer en Salamanca es buscar el astronauta que un arquitecto, seguramente poco pío, colocó oculto entre los muchos relieves del muro de la catedral. También se suele buscar las conchas y realizar muchas otras actividades que ya son de noche y que no son objeto de este libro, pero que también van de buscar conchas.

Pues bien, si un día estás en Salamanca y te da por irte a Washington de la alegría de haber encontrado al astronauta, deberás seguir visitando catedrales, porque si vas a la National Cathedral de Washington, encontrarás que alguien muy friki ha hecho lo mismo del astronauta con el casco de Vader.

EL CHIVATO PROWSE

Es curioso que David Prowse sea el único de todos los actores de *Star Wars* que tiene prohibida la asistencia a las convenciones de la saga. La historia del mal rollo entre Lucas y él se ha explicado en un documental titulado *Yo soy tu padre*, en el que Prowse contaba todas las humillaciones a las que Lucas lo fue sometiendo. Lo cierto es que recientemente se ha descubierto una entrevista en la que Prowse, meses antes del estreno de *El Imperio contraataca*, contaba el principal *spoiler* de la película: su verdadero papel en la trama.

Afortunadamente, por aquella época no había internet y el bocinazo no pasó de los cuatro que leyeron esa entrevista, pero este descubrimiento ha puesto en cuarentena la historia de Prowse de que se enteró de que era el padre de Luke en el estreno porque a él le pidieron decir otra frase.

BORDERLINE

En 2007 el psiquiatra francés Eric Bui se atrevió a contar lo que para él sería el diagnóstico psiquiátrico real de Anakin Skywalker si éste hubiera pisado alguna vez la consulta de un psiquiatra: Desorden *borderline* de la personalidad, también llamado tlp (trastorno limítrofe de la personalidad) y que se define como «un trastorno de la personalidad que se caracteriza primariamente por inestabilidad emocional, pensamiento extremadamente polarizado y dicotómico y relaciones interpersonales caóticas».

Además, le adjudicaba dificultad para controlar la ira, impulsividad y un «patrón inestable en cuanto a las relaciones interpersonales caracterizado por intercalar la idealización con la devaluación extrema». Tampoco nos dejó locos saberlo, algo nos imaginábamos que no iba bien en el muchacho, aunque siempre saludaba.

LUKE SKYWALKER

LA FAMILIA Y UNO MENOS

Muy poca gente recuerda la serie «Con ocho basta», la historia de un padre viudo con ocho hijos que en los 70 lo petaba en la televisión viejuna. Y menos gente aún recuerda que, en el episodio piloto de aquella serie, el hijo mayor de esta familia claramente opusina estaba interpretado por Mark Hamill. Un compañero de piso de Hamill lo convenció para que se presentase al cásting de *Star Wars* mientras la productora de la serie decidía si ésta se hacía o no viendo el piloto. Este compañero de piso se llamaba Robert Englund y acabaría siendo otro de esos nombres que forman parte de la historia del cine: Freddy Krueger.

Hamill fue seleccionado para el papel de Luke Skywalker y decidió arriesgar en una película que todo el mundo pensaba que iba a ser un fracaso en lugar de asegurarse el sueldo de estar en una serie al menos durante una temporada. El disgusto que debió de pillarse su madre...

EL GRAN HÉROE TATOOINIANO (NONIANO)

Uno de los candidatos para ser Luke Skywalker fue William Katt, el que años más tarde sería el protagonista de la serie «El Gran Héroe Americano»; si os fijáis, Lucas tenía muy claras las características de Luke: carita de bueno, rubito...

Un angelito llegado de Tatooine para lograr la salvación de toda la galaxia. Si no sois capaces de establecer comparaciones, mejor que cerréis esto y leáis algún libro... Uno bueno, quiero decir.

LO MÍO Y LO DE MI PRIMO

Mark Hamill apareció como invitado en «Los Teleñecos» en 1980. En la primera parte salía haciendo de Luke Skywalker y vestido como él. En la segunda aparecía vestido normal y «haciendo» de Mark Hamill, un primo de Luke. Está en You-Tube y es alucinante, no te lo pierdas.

¿POR QUÉ TAN SERIO?

En España no lo tenemos muy claro por aquello del doblaje, pero Hamill no es sólo famoso por hacer de Luke, es incluso más conocido por ser la voz del Joker en muchas películas, series y videojuegos de Batman. Tanto que si pones su nombre en Google, la primera búsqueda que aparece es «Mark Hamill Joker» antes que «Mark Hamill Luke».

Hamill había comenzado su carrera doblando dibujos animados y fue su modo de subsistencia cuando la primera trilogía de *Star Wars* llegó a su fin. El éxito se le presentó cuando le ofrecieron doblar al payaso loco en «Batman, la serie animada». Desde entonces se ha convertido en la voz indiscutible de uno de los personajes más maravillosos de la cultura popular.

ME DUELE LA CARA DE SER TAN GUAPO

Hacemos el chiste porque la cosa acabó bien, pero es que Hamill sí que puede decir que ha dado la cara por *Star Wars*, sobre todo en la primera película; primero por cuando se le rompió una vena aguantando la respiración en el compactador de basura, y luego, y más grave, cuando sufrió un accidente de coche que le dejó la cara completamente destrozada.

Cuenta el productor Gary Kurtz que la mañana después del accidente acudió a visitar a Hamill al hospital y que él le dijo: «Siento mucho este retraso en el rodaje, mañana mismo estaré preparado para volver». Kurtz lo miraba asombrado dándose cuenta de que Mark no era consciente de lo destrozado que había quedado su rostro.

Hamill jamás ha querido hablar sobre ese accidente ni sobre las consecuencias que tuvo. De hecho, ha llegado a negar que fuera tan grave y que tuvieran que inventar la escena del wampa de *El Imperio contraataca* para justificar los cambios en su cara. Afortunadamente, la cirugía hace milagros y su cara a día de hoy es perfecta para representar al último Jedi.

HASTA LUEGO, LUKE

Luke termina con un final feliz en la trilogía original, pero la idea no siempre fue ésa. Se pensó en que muriera y que Leia tomara el relevo, o en que se convirtiera en el nuevo Darth Vader una vez fallecido éste. Esto explicaría que el personaje apareciera vistiendo de blanco y fuera oscureciendo su atuendo a medida que avanzaba la historia. Si esto hubiera sucedido, el episodio VII habría sido completamente diferente.

HABRÍA MOLADO

Uno de los guiones de *El retorno del Jedi* mostraba cómo a Luke le cortaban la mano mecánica (la que reemplazaba a la que había perdido al final de *El Imperio contraataca*) y ésta se movía sola hacia el sable láser.

HAN SOLO

ENTRE YODA Y VALDEMORT

En un primer guión elaborado por el director en 1971, un libreto de 132 páginas titulado *Star Wars: El borrador*, el personaje de Solo fue representado como un monstruoso y gigantesco alien de piel verde sin nariz. En una segunda versión, fue un pirata barbudo, ostentosamente equipado (una especie de Jack Sparrow). Finalmente, en el tercer borrador, de 1975, Lucas había afinado mucho más los rasgos y la personalidad de Solo, al que ya describiría como «un joven capitán del espacio de unos veinticinco años de edad al más puro estilo James Dean. Una especie de vaquero espacial, sencillo, sentimental y con confianza en sí mismo».

Aún en el cómic que se publicó basándose en ese primer borrador de Lucas aparece como ese monstruo verde y sin nariz que fue al principio.

MI PADRINO COPPOLA

Lo que sí tuvo claro desde el principio es que, alienígena o no, verde o con asas, la personalidad de Han Solo estaría basada en la de su amigo Francis Ford Coppola, su tipo de humor y sus réplicas mordaces. Lucas había intentado ser el director de *Apocalypse Now*, un proyecto que había pasado a manos de Coppola, pero él no olvidaba lo importante que fue su contribución en sus primeras películas.

MERCENARIO DE RAZA... NEGRA

Después de quererlo verde, Lucas había concebido en un principio a Han Solo como un personaje negro. De este modo, probó a Billy Dee Williams para interpretar el papel. Sin embargo, él ya pensaba jugar con el triángulo amoroso Luke-Leia-Solo y, en 1977, el mero hecho de que pudiera haber un romance interracial era todavía un tabú en Hollywood, así que decidió no arriesgar.

En la siguiente película metió un papel, el de Lando Calrisian, para que su amigo Dee Williams participara en la saga. Lo más curioso es que mucha gente pensó que Dee entraba en la saga presionado por las muchas críticas que tuvo la primera película por no tener ningún actor negro sin saber que él había sido la primera opción de Lucas.

SOY EL CARPINTERO, ¿ME ABRE?

Lucas hizo pruebas para el papel a actores como Kurt Russell, Chevy Chase, Bill Murray, Al Pacino, Jack Nicholson, Robert De Niro, Nick Nolte o Sylvester Stallone.

La anécdota de que Harrison Ford era el carpintero que, de suerte, se cuela en la prueba y se queda con el papel es completamente falsa. De hecho, Ford ya había hecho un papel en la anterior película de Lucas, *American graffiti*, y en *Apocalypse Now*, de su amigo Coppola.

Lo que sí es cierto es que Harrison Ford, que aún no podía permitirse vivir del cine, trabajaba en ese momento como carpintero entre papeles, un trabajo con el que se ganaba la vida bastante bien, y que bordó la prueba cuando lo llamaron para el cásting.

Según el propio Ford ha contado, el hecho de tener un trabajo aparte y no necesitar desesperadamente el papel le ayudó a ir a la prueba relajado y con la chulería que requería Han Solo. Si no lo cogían, siempre podía volver a hacer sinfonieres.

HAN DISPARÓ PRIMERO

Es una de las polémicas más agrias que han surgido entre Lucas y los amantes de la saga. Si recordáis, en el episodio IV, nada más conocer a Han, él tiene una discusión con un mercenario que le reclama un dinero de Jabba. La disputa se salda con un tiroteo en el que el mercenario acaba regular de vivo.

Pues bien, en la versión que se estrenó en los cines en 1977 y en las que salieron en vhs, Han Solo disparaba sin contemplaciones sobre el otro para quitárselo de encima. Pero cuando en 1996 Lucas sacó sus versiones remasterizadas con la idea de volver a estrenarlas en los cines, pensó que el hecho de asesinar así de cruelmente daba un aspecto demasiado violento a su personaje y se inventó que Greedo disparaba sobre Han y éste debía matarlo en defensa propia. Los fans pusieron el grito en el espacio.

Si tienes oportunidad, no te pierdas el documental *El pueblo contra George Lucas*, donde se cuenta cómo se pusieron los fans que pensaban que Lucas había convertido a su aguerrido tahúr en un cobardica.

Durante años a Harrison Ford le han preguntado su opinión acerca de este cambio y su respuesta siempre había sido: «Ni sé quién disparó primero, ni me importa». Sin embargo, en el rodaje de *El despertar de la Fuerza* Ford se hizo fotografiar con un cartel en el que ponía claramente *I shot first* («Yo disparé primero»). Vuelve a por otra, Lucas.

Por cierto, el arma que usa Han es un bláster BlasTech DL-44, basado en la pistola real alemana Mauser C96. Como curiosidad, cabe decir que una de las réplicas que vemos empuñar a Solo había sido utilizada previamente en la película *Atrapado*, de Frank Sinatra.

ESTO PARECE ESCRITO POR UN NIÑO DE OCHO AÑOS, QUE ME TRAIGAN UNO

Desde el principio Ford se quejaba de que las frases que escribía Lucas en el guión eran demasiado literarias y que era muy complicado decirlas sin sonar completamente postizo. Llegó a amenazar con atar a Lucas a una silla y obligarle a repetir mil veces la frase: «He ido de un extremo a otro de la galaxia, chico» para que viera lo mal que sonaba.

Ford lo arreglaba normalmente haciendo como que improvisaba y diciendo las frases a su manera con la esperanza de que Lucas no lo obligara a seguir el guión.

El gran problema vino cuando, en *El Imperio contraataca*, llegó el momento en que tenía una escena en la que Leia le decía «Te quiero» y él debía responder: «Y yo a ti».

Ford montó en cólera, aquella réplica le parecía lo último que un personaje como Han Solo, cínico, diría ante un «te quiero».

Aprovechando que Lucas no era el director y no estaba el día de la escena, convenció a Richard Marquand de grabar una toma en la que el diálogo fuera de la siguiente manera:

Leia: Te quiero.

Han: Lo sé.

Cuando Lucas vio la toma se disgustó mucho, la escena ocurría justo antes de que Solo fuera congelado en carbonita y él pensaba que una réplica así iba a hacer reír al público, quitándole dramatismo a la escena. Pero como el director insistió, decidió dejarla para probarla el día del primer preestreno con público, convencido de que después pondría la original.

A día de hoy, este diálogo es de los más famosos de toda la saga; está en tazas, camisetas y hasta alianzas de muchas parejas de waries que la adoran. Has vuelto a por otra y te la has llevado, Lucas.

HAN DE LOS BOSQUES

Estuvimos a punto de ver a Han Solo de pequeño en el episodio III. En el guión aparecía viviendo en el planeta de los wookies siendo criado por Chewbacca. Al final esa idea se descartó y sólo vimos de pequeños a Boba Fett y al propio Vader. Y es para alegrarse, aquello empezaba a parecerse a un capítulo de «Los Pequeñecos» (¿Que no sabes lo que eran «Los Pequeñecos»? Pues mira, tira de Google, yo tampoco puedo hacerlo todo).

MÁTAME, CAMIÓN ESPACIAL

Harrison Ford pidió a Lucas que lo matase al final de *El Imperio contraataca*; ya estaban haciendo otra saga exitosa juntos, la de *Indiana Jones*, y a él no paraban de llegarle ofertas de papeles. Ford le dijo que su personaje en *Star Wars* ya no podía crecer más y que lo mejor era acabar con él dramáticamente, pero Lucas le contó que tenía muchas ideas para Han Solo, que su relación con Leia iba a ser muy importante en las siguientes películas. Ford sólo lo creyó a medias, éste es el motivo de que pactaran que acabaría la película congelado en carbonita y esperarían al guión de la siguiente para decidir si el personaje salía o se quedaba como Walt Disney.

Sin embargo, no fue ésta la primera solución que pensaron para quitar de en medio a Han Solo. En el primer borrador de *El Imperio contraataca*, en la escena final, Han salía volando para encontrar a su padrastro con el fin de que se uniera a él en la Rebelión. ¿Quién sería el padrastro de Han Solo? Pues nos vamos a quedar con las ganas de saberlo.

Seguro que estáis pensando lo mismo: años después, Ford consiguió su propósito de morir dramáticamente en la saga.

LA PLUSVALÍA

Harrison Ford cobró sólo 10 000 dólares por su trabajo en *Una nueva esperanza*.

Por *El despertar de la Fuerza* cobró 25 millones de dólares. Dicen que cincuenta veces más que todos sus compañeros de reparto.

A TOPE DE FRIKADA

No es una historia oficial, obviamente, pero hay un cómic llamado *Into the Great Unknown* (2004) en el que Han y Chewie, en uno de sus saltos hiperespaciales, acaban estrellándose sobre ¡¡la Tierra!! Caen en la costa noroeste de Estados Unidos, y Solo es asesinado por nativos americanos. Pasa un siglo y el cadáver de Han es encontrado por... ¡¡Indiana Jones y Tapón!!, quienes estaban buscando al legendario *bigfoot*, ¡que resulta ser Chewbacca! Un delirio tan divertido que te veo ya mismo buscándolo por internet para poder leerlo.

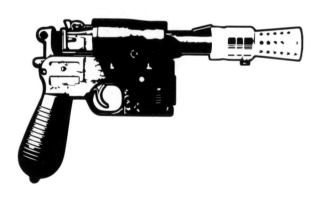

LEIA ORGANA

CARRIE HARÁ DE CARRIE

Para ahorrar costes, Lucas hizo el cásting de *Star Wars* compartido con el de Brian De Palma para *Carrie*. Curiosamente, en un momento del proceso Sissy Spacek fue elegida para interpretar a Leia y Carrie Fisher era la candidata a ser Carrie. Y en un momento indeterminado decidieron cambiárselas como los cromos.

La otra candidata para ser Leia era Jodie Foster, que acabó triunfando en la película de otro de sus amigos barbudos: *Taxi Driver* de Martin Scorsese.

WONDER WOMAN

Hoy es muy difícil ser consciente de lo innovador que era el personaje de Leia en el cine de los 70. Afortunadamente, poco a poco las mujeres han ido saliendo del estereotipo de «damisela en apuros» en el cine y a día de hoy podemos disfrutar de personajes fuertes y con personalidad como la Imperator Furiosa de *Mad Max*, la Lara Croft de *Tomb Rider*, la misma Wonder Woman o la Viuda Negra o, sin ir más lejos, la propia Rey del episodio VII.

Pero en aquel momento proponer a una princesa de cuento de hadas (que es lo que es *Star Wars* al fin y al cabo) que dijera «Eres muy pequeño para ser un soldado» cuando su caballero andante llegaba a salvarla, una mujer que no tenía reparos en ser la líder de la Resistencia contra el poderoso invasor y que era la primera en pillar un bláster y liarse a tiros contra los malos, era algo que no se había visto antes. Bien por Lucas y bien por Carrie.

QUE NO ME CALLO

Dicho esto, es lógico que la escena que más odie Carrie Fisher sea aquella en la que es hecha esclava de Jabba el Hutt y aparece con ese bikini mínimo. En sus propias palabras: «Odiaba en especial que la princesa Leia perdiera su voz, que se quedara muda siendo prisionera de Jabba el Hutt, que ella, que no tuvo miedo de burlarse de Moff Tarkin y de Darth Vader, perdiera misteriosamente su capacidad de hablar frente a una babosa gigante».

Además, ese famoso bikini dorado permitía a los actores detrás de ella, «ver todo el camino hasta Detroit».

A favor de Lucas hay que decir que Leia se vengaba de esa «humillación» ahorcando a Jabba con su propia cadena, pero eso no quita que ella se sintiera fatal rodándola.

Ojo, en este momento Disney trata de retirar todas las figuras que sacan de Leia con ese bikini, así que, si te haces con alguna, seguro que dentro de poco valdrán un pastón, porque para bien o para mal es un referente erótico de todos los amantes de *Star Wars*... Que se lo digan a David Schwimmer en «Friends»...

POSTALES DESDE EL FILO

La autobiografía de Carrie Fisher, publicada por ella misma con el mismo título de este capítulo, es de las más fascinantes que se pueden leer. Como tu cuñao ve un libro y le salen eccemas, le puedes poner la peli que hicieron Meryl Streep y Shirley MacLaine.

Carrie era la hija de dos famosos (como Paquirrín): Debbie Reynolds y Eddie Fisher. La primera fue una actriz muy famosa en los años 50 cuyo papel más conocido fue el de *Cantando bajo la lluvia*; el segundo era un cantante que llegó a tener su propio programa en la tele.

Cuando Carrie aún era una niña, su madre pidió a su padre que la ayudara a consolar a su buena amiga Elizabeth Taylor, que se estaba recuperando de un fracaso amoroso, y que la invitaran a pasar unos días en casa para que no estuviera sola.

Liz agradeció a su amiga este detalle liándose con su marido y fugándose con él para casarse. Porque la amistad es lo más bonito del mundo.

Carrie se crió en una casa con una madre destrozada por la traición y al borde de la locura.

MÁS CHUTES NO

Esto llevó a Carrie a la autodestrucción por medio de las drogas. Ella misma no ha tenido reparos en reconocer que rodó toda la saga bajo el efecto de la marihuana y que los fines de semana, cuando no se rodaba, aprovechaba para tomar cosas más fuertes.

Carrie ha contado también que era muy aficionada a ir a los aparcamientos durante la noche para tener encuentros sexuales con desconocidos y, de hecho, la película de su historia comienza con ella teniendo un colapso por sobredosis en la cama de un extraño, algo que parece que era muy habitual en su día a día.

Cuando se estrenó el episodio VII mucha gente se sorprendió de lo avejentada que Carrie aparecía. Ahora que sabes esto seguramente lo que te sorprenda es que aparezca.

CHEWBACCA

EL HOMBRE CON EL ABRIGO DE PIELES

El actor que ha vestido siempre el traje de Chewbacca es el británico Peter Mayhew, que trabajaba como celador en el hospital King's College en Londres. Su gran altura (2,21 metros) y sus enormes pies le hicieron aparecer en un reportaje de la televisión local sobre personas con gigantescos números de zapato (la tele es igual de idiota en todo el mundo).

Un productor de cine lo descubrió allí y lo llamó para ofrecerle el papel de minotauro de la película *Simbad y el ojo del tigre*. Uno de los responsables del departamento de caracterización y maquillaje de la película estaba trabajando en aquel momento en el traje de Chewbacca para la primera entrega y fue quien lo propuso para el personaje. Es de las personas que más beneficio ha sacado de salir en *Star Wars*; prácticamente vive de dar charlas sobre la saga en convenciones y de vender caros sus autógrafos.

TE SE LENGUA LA TRABA

El término «wookie» proviene de la película de George Lucas *THX 1138*. En una improvisación de un actor, uno de los personajes dice: «Creo que acabo de atropellar a un wookie».

A MÍ NO ME GRUÑAS

Para obtener la voz de Chewbacca, el diseñador de sonido Ben Burtt utilizó como base la voz de un oso negro del Happy Hollow Zoo de San José (California) llamado *Tarik*. Después, sincronizó sus rugidos con los sonidos de una morsa, un león y un tejón.

Para diseñar el traje de Chewbacca, George Lucas contrató a Stuart Freeborn, responsable de la caracterización de los simios de *2001*.

Para el disfraz se utilizó auténtico pelo de yak y de conejo sobre una base de mohair, fibra procedente del pelo de la cabra de angora. Durante *El retorno del Jedi*, se incorporó un sistema de refrigeración con agua, ya que Peter debía llevarlo durante muchas horas bajo un insoportable calor.

NUNCA ENFADES A UN WOOKIE

En el episodio IV queda muy claro que una de las cosas más peligrosas que se pueden hacer en la galaxia lejana es cabrear a un wookie; se ve en la escena en la que están jugando al extraño juego que hay dentro del *Halcón Milenario*, cuando Han Solo dice: *It's not wise to upset a wookie* («No es sabio molestar a un wookie»).

Tan famosa se hizo en Estados Unidos esta frase que ya se usa *Don't upset the wookie* para pedirle a una persona que no siga molestándote. Traducido al cuñadiense la frase sería: «No me toques los cojones».

CHEWBACCA, FASHION VICTIM

Si la saga de *Star Wars* no hubiera tenido tanto éxito, Chewbacca y en general la raza wookie habrían sido aún más importantes. En esa escena que comentábamos en el capítulo anterior, Han deja muy claro que un wookie es capaz de arrancar de cuajo los brazos de alguien que lo cabrea.

La idea de Lucas para *El retorno del Jedi* era que la acción que se desarrolla en Endor (el planeta de los ewok) ocurriera en Kashyyyk (el de los wookies), lo que permitiría ver una batalla realmente sangrienta con wookies enfadados desmembrando soldados imperiales. Pero lo importante que se estaba haciendo la saga y la idea de Lucas de mantenerla como familiar y poder vender unos muñequitos nuevos nos dejó sin esa batalla y con unos personajes espantosos que, más que luchar contra el Imperio, parece que están echando guerras de globos de agua en el recreo.

Si lo piensas, la palabra ewok es una reordenación fonética de wookie, hasta ese punto la idea de Lucas estuvo ahí hasta el final, justo hasta el momento en que la cagó.

SE TE VEN LOS BACCAS

Los ejecutivos del estudio no estaban nada contentos con eso de que Chewbacca apareciera vestido sólo con un cinturoncito cruzado en el hombro y ese cuerpo de osito de Chueca. Inmediatamente las mentes bienpensantes pusieron el grito en el bendito cielo y diseñaron unos pantaloncitos para que los llevase.

Afortunadamente, Lucas dijo que por ahí no pasaba y no le puso un tanguita, y nos dejó al terrible Wookie convertido en uno de los Beach Boys.

LOS PERROS SON BENÉFICOS

Sobre todo el de Lucas. El aspecto de Chewbacca fue tomado directamente del perro que Lucas tenía en ese momento, un alaskan malamute que se parece poco al resultado final, pero que fue el que inspiró al personaje del wookie. En la primera versión Chewbacca no era el acompañante de Han Solo, sino uno más de los wookies que ayudaban al coronel Skywalker en su misión.

Pero decir que Chewbacca se parece a un perro es algo a lo que puede llegar hasta tu cuñao y no justifica el título de este capítulo. Cuando lo vas a dejar sudando más que Paquirrín en un asador de pollos es cuando le digas que ese perro que inspiró a Lucas tenía un nombre, y ese nombre es *Indiana*.

¿Recuerdas cuando, al final de *La última cruzada*, Harrison Ford pide a su padre que no lo llame Junior porque se llama Indiana? La respuesta que se da es: «Nuestro perro se llamaba Indiana». Y así era. Las dos sagas más millonarias de Lucas salieron de ese perro, para que luego digan que *Hachiko* era bueno.

CÁLLATE, FELPUDO CON PATAS

¿No os habéis preguntado por qué Chewbacca entiende perfectamente el idioma oficial de la galaxia pero no lo habla? Han Solo le dice un montón de cosas que Chewie comprende, pero jamás emite nada más que esos gruñidos ininteligibles.

La explicación a esto es que los wookies no tienen la boca preparada para hablar este idioma, pero sí la inteligencia para entenderlo. Dos de los personajes que entienden perfectamente el shyriiwook, el idioma de los wookies, son Han Solo y, por supuesto, C-3PO.

SIEMPRE A TU LADO

Los wookies practican la ley de la deuda de vida, algo muy parecido a los indios americanos de las películas y a los samuráis. Si alguien salva tu vida, tu obligación es servir a esa persona y acompañarlo siempre por si necesita que le devuelvas el favor. Esto explica la fidelidad de Chewie a Han Solo. Bueno, eso y que es un perro, no nos olvidemos.

Por cierto, la esperanza de vida de un wookie es de seiscientos años, o sea que lo que para nosotros son un montón de aventuras vividas en las películas vistas hasta ahora, para Chewbacca es poco más que un viaje de Erasmus.

¿Y MI MEDALLA?

Al final de *La guerra de las galaxias* la princesa Leia condecoraba con una medalla a Luke Skywalker y a Han Solo por su apoyo a la Rebelión, pero dejaba sin ella a Chewbacca; esto indignó a muchos fans y a varias asociaciones en defensa de la no discriminación hacia los wookies. Cuando le preguntaron, George Lucas improvisó una explicación: «En realidad a los wookies no les importan demasiado las medallas». Ya, claro, Lucas, lo que te venga a ti bien.

Los fans, durante años, protestaron por este ninguneo, hasta que la mtv en la entrega de sus premios de cine de 1997 decidió corregir el agravio otorgándole una medalla en reconocimiento a su carrera cinematográfica. Peter Mayhew, con el disfraz de Chewie, acudió a recoger su premio de manos de la mismísima Carrie Fisher.

ISTA, ISTA, ISTA... CHEWBACCA MADRIDISTA

Uno de los actores que estuvo a punto de interpretar a Chewbacca en la saga de *Star Wars* fue un tal McNamara, actor norteamericano de 2,12 metros que curiosamente jugó en el Real Madrid de baloncesto a principios de los años noventa.

STARS WARS HOLIDAY SPECIAL: LA VERGÜENZA DE LUCAS

Estamos ante uno de los peores momentos de la vida de la saga; justo después del estreno del episodio IV, a Lucas lo convencieron para hacer un especial de Navidad con los personajes de la saga y emitirlo en televisión.

El resultado es un horror de tal magnitud que sólo ha visto la luz una vez por televisión, y Lucas ha declarado que le encantaría que todas las copias de aquello fueran destruidas en un incendio.

Y no es para menos. Afortunadamente, mucha gente grabó ese especial en sus vhs de la época y, con la llegada de internet, se puede ver fácilmente incluso en YouTube.

Si a pesar de las advertencias estás dispuesto a pasar más de una hora y media de vergüenza ajena, te vas a encontrar con una cosa absolutamente delirante en la que Chewbacca pretende volver a su planeta para pasar con su familia el llamado «día de la vida»; sí, Chewbacca tiene familia, y un Chewaquito pequeño supermono que no para de poner caritas y hacer mohínes, mucho asco todo.

El Imperio ha localizado el *Halcón Milenario* y trata de impedir que lleguen y puedan celebrar juntos tan hermoso día (los muy malosos). Todo esto mezclado con actuaciones, números de circo, humoristas... De verdad que lo estás viendo y no das crédito.

Carrie Fisher contó una vez en una cena que había pedido a Lucas una copia de este especial diciéndole que quería una cosa que poder poner en las fiestas con sus amigos... cuando quisiera que se fueran.

En el programa de Conan O'Brien el presentador estaba entrevistando a Harrison Ford y pidió que pusieran un fragmento de este especial. Ford desvió la mirada, trató de estrangular a Conan y, cuando acabó el fragmento, sólo dijo mirando al frente enfadado: «Gracias».

El programa aparece en todas las listas de la televisión americana como el número uno entre lo peor emitido y ha sido definido como las dos peores horas de televisión de la historia.

En la serie «Robot Chicken», el personaje animado de George Lucas, doblado por el propio Lucas, va al psicoanalista, con quien habla de su fuerte odio hacia este especial. Como ves, es muy querido.

Pero dos cosas se sacaron para bien de este desatino: durante el programa se emitía un fragmento de dibujos animados protagonizado por un tal Boba Fett, un cazarrecompensas que gustó tanto a Lucas que lo incorporó a la saga de películas y se convirtió en un icono más de esa galaxia. Y el diseño que se hizo del planeta de los wookies también gustó tanto que inspiró su incorporación en *La venganza de los Sith* cuando, por fin, pudimos verlo en las películas.

Ahora tú decides si te atreves a verlo, pero que te pille acostado y con sueño. Lucas no necesita hacerlo, sueña con ello cuando ha cenado fuerte.

R2-D2

MI NOMBRE ES UN ROLLO

El nombre de R2-D2 se le ocurrió a Lucas de la manera más tonta. Llevaba tiempo buscando un nombre musical que se quedara fácilmente para sus robots; Lucas sabía que su película iba a comenzar con ellos y que serían los verdaderos protagonistas y culpables de que la fantasía funcionara o no.

En eso estaba pensando mientras montaba el sonido de *American graffiti* y alguien le pidió que le pasara el rollo 2 del diálogo 2 o, como lo llamaban para abreviar, el R2-D2.

A Lucas se le iluminó la carita, ya tenía nombre para su robotito. Si en vez de montando sonido hubiera estado escuchando el fútbol, lo mismo hoy se llamaba Alavés 1 - Osasuna 3.

El nombre ha sido traducido de diferentes maneras, la más conocida es la sudamericana, que convirtió la pronunciación inglesa en un nombre precioso y entrañable: Arturito.

Y seguramente la más marciana es la italiana, donde R2-D2 se llama... ¡C1-P8! (chiunopiocho). Al parecer el nombre de R2-D2 era fonéticamente feo en italiano y decidieron que se pareciera a Pinocchio.

Esto está muy bien, pero tiene consecuencias, y es que tú ahora te encuentras a R2-D2 paseando por Roma y le llamas C1-P8 y, claro, ni se vuelve.

PITOS Y FLAUTAS

En los primeros borradores de *Star Wars* R2-D2 hablaba. De hecho, la primera línea de diálogo que decía era: «El bombardeo externo parece estar concentrado en esta área.

La estructura ha superado el cociente de tensión normal por 0,4; sin embargo, parece no haber peligro inmediato».

Pero es que además de decir estas cosas tan técnicas era bastante malhablado. Y no paraba de soltar tacos. A los productores de la FOX no les hizo mucha ilusión que R2 de vez en cuando dijera cosas como «me cago en tó' lo que se menea» y Lucas decidió que no hablase y que C-3PO tradujese sus silbidos.

Para hacer su sonido, el genio Ben Burtt tuvo muchos problemas. Primero intentó hacerlos con un sintetizador, pero ninguno de los que conseguía le bastaban. Después comenzó a grabar a gente pidiéndole que hiciera sonidos extraños para posteriormente modificarlos, pero tampoco así conseguía lo que buscaba.

Un día, desesperado, Burtt se grabó a sí mismo imitando los balbuceos de un bebé, luego pasó eso por el sintetizador y... ¡¡R2 pudo hablar!!

Desde aquí queremos mandar un saludo a todas las empresas que se forraron vendiendo el tono de móvil de R2-D2 en los Nokia a principio de siglo. (Manda un sms con «R2-D2» al 0982.)

¡¡QUE TE CAES!!

R2-D2 es el personaje favorito de Lucas; de hecho alguna vez ha dicho que toda la historia está contada a través de sus ojos y existen teorías que afirman que es el verdadero héroe de la saga porque es quien saca más veces a los protagonistas de las situaciones más complicadas.

Sin embargo, el diseño de R2 probablemente quedaba muy bien sobre el papel, pero resultó un infierno en los rodajes. El muñeco tiene una estabilidad regulera y se caía constantemente, dejaba de funcionar o se paraba porque encontraba el más mínimo obstáculo en su camino.

Para rodar con él hay que tener en cuenta que en la escena no haya escaleras que lo dejen fuera y, además, Kenny Baker, el actor que estaba dentro de él cuando necesitaban que R2 expresara emociones, sufría constantemente los golpetazos de las caídas. A Baker, cada vez que firmaba para una nueva peli de la saga, le regalaban un bote de betadine.

VOLAREEE

Uno de los momentos más sorprendentes de las precuelas es cuando vimos a R2 volar. Hasta ese momento jamás habríamos imaginado que el robot tenía unos cohetes en los pies que le permitían desplazarse. La pregunta de los fans fue inmediata: ¿por qué entonces R2 no volaba en la trilogía clásica?

Bueno, aquí tenemos que parar para contaros una de las cosas más sorprendentes del universo *Star Wars*.

EL DEPARTAMENTO DE CONTINUIDAD

Cuando el universo de *Star Wars* comenzó a crecer de manera desmesurada, cuando empezaron a salir cómics, libros, series, etcétera, Lucas empezó a ver que podían hacerse verdaderas barbaridades con su bebé y creó el departamento de continuidad, que básicamente es un departamento encargado de leer/ver todo lo que se ha creado bajo el nombre de *Star Wars* y decidir si permiten la publicación. Es decir: si son o no son «canon».

Además de eso, este departamento se encarga de buscar explicaciones a cualquier laguna que pueda surgir en la historia, y esto es lo que hizo con los vuelos de R2.

La explicación de este departamento es que la empresa que fabricaba los cohetes que llevaba el robot en los pies fue destruida durante las Guerras Clon. Esto explicaría que en la primera trilogía no pudiera volar. (También es pensar que sólo una empresa en toda la galaxia fabricaba esos cohetes, pero no vamos a ponernos tocanarices.)

Por cierto, ya que estamos, con la compra de la saga por Disney la mayor parte del universo expandido ya no es considerado canon por este departamento, por lo que muchas de las historias de ese universo han dejado de valer. Éste es el motivo de que en este libro no hagamos mucha referencia a historias que no hayan aparecido en las películas.

SOY R2-D2, DEL PLANETA VULCANO

Si ya hemos contado que el robot es el favorito de Lucas, también lo es de J. J. Abrams, el nuevo jefe de la saga. Esto quedó demostrado incluso antes de que empezara a rodar el episodio VII, cuando colocó cameos de R2 en las dos películas que hizo de la otra gran saga: *Star Trek*.

Como trekkies y waries tienen esa tontísima rivalidad (con lo buenas que son las dos), esto provocó el enfado de algunos fans de *Star Trek*, que se sintieron traicionados. Algo parecido ocurrió cuando, en *Regreso al futuro*, Michael J. Fox se disfrazaba de extraterrestre y decía: «Soy Darth Vader, del planeta Vulcano», que consiguió enfadar con una frase a trekkies y waries por igual (eso para que demuestres que entre los frikis también hay cuñaos bastante tontos.)

¿ME SE ESCUCHA?

Kenny Baker no oía nada cuando estaba dentro del robot. Cuando tenía que empezar a rodar o parar le avisaban con el avanzado método de golpear con un martillo la cabeza de R2.

C-3PO

ANTHONY DANIELS, AL SERVICIO DE SU MAJESTAD LUCAS

Cuando Lucas pensó en su androide de protocolo C-3PO tuvo claro que el actor que lo iba a interpretar tenía que ser inglés; esto forma parte de una tradición americana según la cual ellos mismos se consideran demasiado garrulos y poco elegantes y, siempre que necesitan mostrar clase en pantalla, recurren a un inglés para reflejarla.

Lucas encontró a Anthony Daniels, un actor shakesperiano (noniano) que también hacía mimo y que al principio se horrorizó cuando le contaron que tendría que actuar cubierto por un traje metálico y que, encima, su voz iba a ser doblada posteriormente por Mel Blanc, el llamado «hombre de las cien voces» que se había hecho famoso poniendo la voz a más de cuatrocientos personajes de dibujos animados, entre ellos Bugs Bunny, Porky, Pablo Mármol, El pájaro loco...

Sin embargo, Daniels se lo pensó y le pareció un reto aquello de dotar a un personaje de alma sólo con sus movimientos, y aceptó el papel.

Durante el rodaje, aunque sabía que su voz no iba a acabar en la película, Daniels construyó un personaje muy amanerado que pronunciaba correctamente cada palabra y que se comportaba como un verdadero lord inglés.

La sorpresa surgió cuando el gran Mel Blanc vio los copiones del rodaje y escuchó la manera en la que Daniels lo había interpretado. Honestamente le dijo a Lucas que no pensaba que pudiera superar el trabajo de Daniels y que debía ser ésa la voz que tuviera C-3PO.

Hasta tal punto no habían pensado en esa posibilidad que ni siquiera habían microfoneado bien a Daniels durante el rodaje y su voz se escuchaba fatal por la máscara, así que tuvo que volver a doblar entero al personaje.

EL CALORET

Durante el rodaje de la primera película en el desierto, el traje de C-3PO se derretía por el calor y Daniels llegó a sufrir quemaduras y deshidratación. Son famosas las fotos en las que se ve cómo, en cuanto cortaban, le ponían encima una sombrilla y el propio Lucas le acercaba una bebida fresquita que él se tomaba con pajita. Cuentan que perdía dos kilos diarios durante el rodaje... ¿Ahora no estás tan chulo, eh, Dukan?

PRIMERO Y ÚLTIMO EN HABLAR

C-3PO es el primer personaje que habla en *Star Wars* y el que dice la última frase en el final del episodio III. Esto ha cambiado con la llegada del episodio VII, donde hace poco más que un cameo.

MARIA DE METRÓPOLIS

La inspiración más clara para C-3PO fue Maria, el robot de *Metrópolis*, la película clásica de Fritz Lang de 1927. La verdad es que Lucas aquí no trató de disimularlo y, si buscas la imagen, verás que básicamente Maria es un C-3PO con tetas... Con tetas metálicas, eso sí. Esto nos lleva a la siguiente anécdota.

C-3PO CON TETAS

Durante las escenas del pasillo de la nave *Tantive*, C-3PO es interpretado por una hermosa rubia que también hacía mimo y era amiga de Anthony Daniels. Esto fue debido a que durante la postproducción se hicieron algunas tomas adicionales y el actor no estaba disponible en esos momentos.

NO ME CHILLES QUE NO TE VEO

A lo mejor se te cae un mito, pero debes saber que Anthony Daniels y Kenny Baker, los únicos actores que han salido en todas las películas de *Star Wars*, no se soportaban desde el rodaje de la primera. De hecho, hacían lo posible por no cruzarse hasta que llegaba el momento imprescindible en que tenían que rodar.

La cosa empezó, como hemos dicho, en el rodaje del episodio IV, en el que Daniels, en palabras de Baker, se comportaba como un estirado que no hablaba con nadie y a él lo miraba «arrugando la nariz». Según Baker, intentó un par de veces que Daniels se uniera al equipo para tomar unas cervezas y él se negó con desprecio.

Desde ese momento, Baker no desperdició la ocasión de poner a parir a Daniels en las entrevistas mientras éste permanecía callado. Hasta hace poco, cuando en una entrevista de promoción sacó la lengua a pasear, dijo que él no había visto a Baker ni un solo día durante el rodaje de *El despertar de la Fuerza*, que dudaba que hubiera interpretado a R2 en esta película y que esperaba que estuviera donde le corresponde estar: «Metido dentro de un cubo de basura». Vamos, todo lo que Coelho dice que no hay que hacer para mantener la amistad.

YODA

MI NOMBRE PRESENTE TENDRÁS

Muchos de los nombres de la franquicia *Star Wars* están derivados de lenguajes varios. En el caso de Yoda, es una variación de la palabra «guerrero» en sánscrito: *yodha*.

UN *COVER* YO SOY

Yoda fue creado para reducir el papel de Alec Guinness, que, como ya hemos contado, no estaba muy a gusto con su papel. Por eso Lucas decidió matar a Obi-Wan y hacer otra figura de mentor de apariencia más extraña. Primero iba a ser una especie de gnomo, luego un gusano arrugado y finalmente, fue un viejo verde.

LA SEÑORITA CERDITA

Lucas le pidió a su buen amigo Jim Henson que fuese el titiritero de la criatura. Pero estaba muy ocupado con El gran golpe de los Teleñecos, y recomendó efusivamente a su compañero Frank Oz. Para relajar a Mark Hamill durante el rodaje, Oz leía las líneas de Yoda con la voz de la señorita Peggy.

TODO RELATIVO ES

El diseñador de maquillaje Stuart Freeborn basó el *look* de Yoda en su propia cara, mezclando sus rasgos con los de Albert Einstein. Esta imagen tan particular, lleno de arrugas y con los gestos muy marcados, hizo de Yoda una marioneta bastante pesada y difícil de manejar.

RESPETO, HERMANO

Si tienes el dvd de *La venganza de los Sith*, marcando «1138» mientras estás en la sección de «opciones» aparecerá un clip de Yoda bailando hip hop frente a un grupo de soldados imperiales. O puedes buscarlo en YouTube, pero tiene menos gracia.

ANÁSTROFE TENGO

¿Por qué Yoda habla así? Hay un personaje de ficción anterior que se expresa de la misma forma. En el libro de Agatha Christie *El secreto de Chimneys*, publicado en 1925, es decir, cincuenta y dos años antes de que se estrenara la primera película de *Star Wars*, aparece un personaje llamado barón Lolopretjzyl que coloca el verbo al final de cada frase, vamos, que también habla con hipérbatos, como Yoda.

Otra teoría apunta a que esa colocación de las frases (sujeto, tiempo, sitio y acción, con el verbo siempre al final) es un recurso literario que se llama anástrofe y que es utilizado en la literatura japonesa. Ésta es la teoría más probable, porque ya sabemos que George Lucas es un gran apasionado de la cultura nipona, ve un buffet wok en mitad de la carretera y tira de freno de mano inmediatamente.

LA FUERZA

El Star Wars Day nació a raíz de una publicación en el diario británico *London Evening News* del 4 de mayo de 1979. Se trataba de una nota en la que miembros del Partido Conservador del Reino Unido felicitaban a Margaret Thatcher por su recién adquirido puesto como primera ministra del país. *May the 4th be with you, Maggie. Congratulations*, decía el escrito que dio lugar a un juego de palabras entre «Que la Fuerza te acompañe» (*May the Force be with you*) y la fecha de ese día. La idea de Lucas sobre la Fuerza había llegado al parlamento británico, pero ¿qué se puede explicar a un cuñao sobre lo que es la Fuerza?

Básicamente, ateniéndonos a las explicaciones de Yoda en *El Imperio contraataca*, todos los objetos están rodeados por un campo energético que ellos mismos despiden. Esto se entiende muy bien si pensamos en el aura, esa especie de haz de luz que sale en los cuadros de los santos católicos iluminando su cabeza y haciendo ver que son seres especialmente poderosos.

Si cada objeto tiene esa carga, una persona que sea capaz de detectarla y de interaccionar con ella podría mover a su antojo cualquier cosa. Para entenderlo bien pensemos que estas personas tendrían como un imán interno que activaría la carga eléctrica de las cosas para hacer con ellas lo que quisiera (pensad en Magneto de los X-Men).

Y esto, básicamente, sería un Jedi. Una persona capaz, después de un entrenamiento, de percibir la Fuerza en objetos o personas y de ser capaz de usarla.

Entonces ¿qué es un Sith? Básicamente es un Jedi que aprovecha ese poder en beneficio propio en lugar de para el bien común. Por eso es tan tentador pasarse al lado oscuro, porque una vez que aprendes a usar la Fuerza, hay que ser alguien muy fuerte para no utilizarla en beneficio propio. Ahí aparecen las ideas políticas de Lucas, que considera que los poderosos deben actuar en favor del bien común en lugar de lo que ellos consideren que es beneficioso.

Hasta *La amenaza fantasma*, las películas daban a entender que la Fuerza era algo que cualquier persona que siguiera el aprendizaje adecuado y lograra ser aceptada por un maestro Jedi para convertirse en su padawan (alumno) podía acabar alcanzando.

A estas alturas, la Fuerza era algo alcanzable si lograbas determinado poder de concentración. Un poco como los guerreros ninja o los faquires, que pueden alcanzar determinado grado en el que el dolor no exista.

Pero en esa película, Lucas introdujo la idea de los midiclorianos, que, muy resumidamente, son células que uno tiene o no en función de su herencia genética. Una persona que tiene un gran número de midiclorianos en sus genes puede llegar a controlar la Fuerza, el resto no.

Esto irritó mucho a los fans, porque habían visto las anteriores películas pensado que la Fuerza era algo a lo que, en un universo paralelo, ellos podrían acceder con esfuerzo y dedicación. Después de esto, Lucas nos dejaba fuera de la Fuerza. Tenías que ser un elegido para poder alcanzarla, tus padres debían habértela transmitido. Mi padre, por ahora, lo único que me ha transmitido es la calvicie.

Los midiclorianos explicaban que Anakin llamara la atención de Qui-Gon cuando lo vio de niño por primera vez. Él podía percibir que la Fuerza era muy intensa en el niño, es decir, que estaba puesto hasta arriba de midiclorianos.

Esto también explicaría que la madre de Anakin dijera que para su concepción no hiciera falta un padre. Los midiclorianos se comportan como organismos independientes hasta el punto de ser capaces de crear vida.

Y esto también explicaría esa escena de *Una nueva esperanza* en la que, antes de ser atravesado por el sable de Darth Vader, Obi-Wan desaparece, cayendo sus ropas vacías al suelo.

Digamos, por explicarlo de forma sencilla, que si estás muy entrenado en la Fuerza, llega un momento en que puedes prescindir de tu cuerpo físico y seguir viviendo sólo en forma de concentración de midiclorianos. Esto hace que te conviertas en ese fantasma que vemos en las películas.

Suena raro, pero en realidad no lo es tanto si pensamos que, en nuestra cultura católica, creemos que cuando el cuerpo deja de funcionar nuestra alma sale de él y viaja a lugares mejores siendo eterna...

Siento que hayas provocado otra embolia a tu cuñao con este capítulo. Que la Fuerza te acompañe al centro de salud para que le den un reconstituyente.

EL *HALCÓN MILENARIO*

UN WHOPPER MASTICADO

La primera maqueta del *Halcón Milenario* se parecía demasiado a la nave de una serie de la época llamada «Espacio 1999». Lucas no estaba nada contento con el diseño, hasta que un día vio una hamburguesa a la que alguien había dado un mordisco y que tenía al lado una aceituna y pidió que diseñaran algo en esa línea. Había nacido la nave más icónica del cine. El equipo la llamaba la «Porkburger».

HISTORIA DE UN MONTÓN DE CHATARRA

El *Halcón Milenario* era un carguero ligero YT-1300 normal y corriente, su muelle de carga es capaz de albergar hasta 100 000 kilos, el equivalente a mil bebés de elefante asiático, y tiene una longitud de 34,75 metros, o sea, cuatro autobuses de dos plantas puestos en línea.

Si nos fiamos del universo expandido, se construyó sesenta años antes de la batalla de Yavin, en *Una nueva esperanza*. Si *El despertar de la Fuerza* ocurre treinta años después de *El retorno del Jedi*, significa que rondaría los cien. El típico coche que te sale bueno.

DALE CAÑA, TORETE, QUE EL COCHE ES ROBAO

Cuando decidieron usarlo para transportes ilegales, Lando y Han lo tunearon y le añadieron un hipermotor para que no los pillaran. Además, el ordenador de a bordo cuenta en su memoria con rutas y corredores hiperespaciales que nadie conoce, permitiendo que se puedan hacer cálculos más rápidos y efectivos en caso de huida.

LLÁMAME COMO TÚ QUIERAS

Para evitar registros, el *Halcón Milenario* ha recibido innu-
merables nombres en clave: *Argos, Regina Galas, Ave de la
Sombra, Princesa de Sangre* o *Anillo de Victoria*.

ESTOY EN TODAS LAS GALAXIAS

El *Halcón Milenario* apareció en *Star Trek: primer contacto*
durante la batalla del *Enterprise* con el cubo Borg. Además,
el *Halcón* se puede ver brevemente durante el aterrizaje en
Coruscant en *La venganza de los Sith*. Vete a saber quién lo
conducía entonces...

LOS SOLDADOS IMPERIALES

Son esos soldados que vemos nada más empezar la primera película, los que llevan una armadura blanca y un casco, por decirlo con cariño..., poco práctico.

ALEMANITA

Los *stormtroopers* o soldados imperiales están basados en unos soldados del ejército alemán durante la primera guerra mundial. Especializados en técnicas de infiltración, los *stromtroopers* (*Sturmtruppen*) llevaban una máscara antigás muy parecida al casco que conocemos en la peli porque basaban su entrenamiento en técnicas para atacar trincheras enemigas. Parte de sus técnicas siguen utilizándose en la actualidad.

PERSONAJES SINIESTROS

Una de las cosas más curiosas, si nos fijamos en las pelis, es que todos los soldados imperiales son zurdos. Durante años esto se atribuyó a que, al ser clones muchos de ellos, habían adquirido eso genéticamente. La realidad es que el diseño de las armas que usan los obliga a usar la mano izquierda.

Las armas de los soldados de asalto utilizadas eran esencialmente una modificación de la Sterling L2A3 9mm SMG, una ametralladora militar desarrollada en la década de 1940 en el Reino Unido y adoptada por los ejércitos británicos y canadienses en la década de 1950.

TIPOS DE TIPOS

En la trilogía original, podemos ver algunas divisiones especializadas surgidas a partir de los soldados imperiales:

- **Soldados de las arenas**, que se pueden ver en el desierto de Tatooine en *Una nueva esperanza*.

- **Soldados de las nieves**, que aparecen durante el asalto a la base Eco en Hoth, en *El Imperio contraataca*.

- **Soldados de reconocimiento imperial**, entrenados para sobrevivir en toda clase de terrenos, que se pueden ver en *El retorno del Jedi*.

Y NO, NO TODOS SON CLONES

Cuando todos eran clones de Jango Fett, el padre del cazarrecompensas Boba Fett, su nombre era soldados clon, pero cuando el emperador Palpatine necesitó más tropas, precisamente a raíz de las bajas de las Guerras Clon, empezó a reclutar humanos a los que arrancaba de sus familias casi nada más nacer y a los que formaba desde pequeños para la guerra y para servir al Imperio.

¡LE HE DADO! AH, NO

Probablemente una de las cosas más curiosas de estos soldados es su conocida mala puntería, que se puede ver desde la primera escena de *Una nueva esperanza*, en la que son incapaces de acertar a R2-D2 y C-3PO cruzando un pasillo de dos metros. Esto ha dado lugar a la creación del «efecto stormtrooper», que se aplica desde entonces a cualquier escena de película donde el bueno se libra de una situación aparentemente imposible por algún fallo absurdo del villano.

Uno de los guiños a esta situación más divertidos del episodio VII es lo mucho que se alegra Finn cuando descubre que tiene una gran puntería en cuanto ha abandonado su condición de soldado del Imperio. 🔅

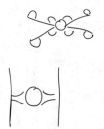

EPÍLOGO

ESTO ES UN EPÍLOGO

Hay dos tipos fundamentales de epílogos, uno que en realidad no finaliza el libro y por tanto es equívoco, le siguen bibliografía, anexos y otros inventos lingüísticos que afean, desde mi punto de vista y desde el de cualquiera con dos dedos de frente, la estructura prístina y canónica de un libro: prólogo, libro propiamente dicho (o corpus) y epílogo. Otro tipo de epílogo, el interesante, es el que resulta zanjador, aporta corolarios al texto, ata los posibles cabos sueltos, ilumina algunas zonas de sombra, aclara conceptos y magnifica el relato...

Este epílogo, querido lector/a (queda peor querida lectora/-) no va ni por este camino ni por aquél. Es más, no va por ningún camino sino campo a través, ahí lo dejo.

Escribir un epílogo para un libro no es fácil. Sobre todo si no lo has leído, ni sabes de qué va, ni cuál es su tesis, y podría ser aún peor sin saber siquiera el título. Esto al menos lo sé. El título es brillante como no podía ser de otro modo, como corresponde a unos autores brillantes como no podía ser de otro modo.

Podemos colegir de *La Fuerza para cuñaos* que es un libro de didáctica y que pretende empatizar con tu familia política. Dos conceptos que es difícil ver reunidos en una misma circunstancia, en una misma cosmovisión, excepto cuando tu cuñado te explica con todo lujo de detalles cómo consiguió Brunelleschi acomodar la cúpula del duomo de Florencia.

Tengo un montón de cuñados y cuñadas, ahí lo dejo. Quizá este hecho pueda compensar este otro: soy de las pocas personas que no ha visto ninguna entrega de *Stars Wars* (llamadme amargado o triste), tampoco he visto *Star Trek* ni *Stargate* ni ninguna película que se desarrolle por las galaxias (llamadme, los que me llamasteis amargado, triste y los que triste, amargado) por la simple razón de que ¡me mareo! Sin embargo, exhibidme una película de Mizoguchi y me vuelvo loco (llamadme alienígena).

Realmente un epílogo según su etimología debería tomar como referencia el libro del que forma parte (aunque como esqueje), ya que *epi* «sobre» y *logo* «palabra» así lo indican. Por tanto, no sería contrario a la lógica cambiar el nombre equívoco de epílogo por el de metálogo, y posiblemente pagarían más. Ahí lo dejo.

Otra cuestión es que, de igual modo que en ocasiones veo muertos, en ocasiones se refleja el autor del prólogo en la cubierta del libro, debido lógicamente al interés o morbo que despierta, pero ¿qué hacer con el epiloguista? ¿Se deben acordar de él? Y si sí, ¿dónde debe ir el nombre? Creo que si somos cartesianos, y lo somos, debería ir en la contraportada y muy pequeñito, como escondido.

Otro tema de calado sobre la autoría de un epílogo es si el epiloguista se puede jactar de serlo. Del mismo modo que el prologuista vive su texto con soberbia y arrogancia, como es lógico, el epiloguista, al estar en segundo plano, debe mantener una actitud más contemplativa, más zen. Algo sobre lo que se reflexiona poco a mi entender (modesto) es la dialéctica prologuista epiloguista. Está demostrado que el prólogo se encarga generalmente a un amigo/a del autor/a/ es que tenga cierta empatía con el texto y obviamente que tenga relevancia social al nivel que sea. Pero ¿y el epiloguista? ¿Por qué se elige? ¿Por pena? Primero, lógicamente, se piensa en el prologo (ineludible) y si quedan ganas y tiempo, en el epílogo (eludible). El segundo es contingente, pero el primero es necesario. Entiendes que como epiloguista eres el último mono, pero te queda la ilusión de pensar que quizá te llamaron para el prologo y al estar fuera de cobertura en tu casa soriana (¡oh, destino!), por eso y solo por eso, te ves relegado.

Por tanto, ¿debe ser el epílogo mejor que el prologo? ¿Deben estar a la misma altura? Pues definitivamente no. El prologo debe destacar, debe ser ese aperitivo suculento que te lleve hambriento a las páginas del libro, como cuando nuestras madres, benditas sean, nos ponían piripis a base de quina y nos comíamos el puré felices. El epílogo, por el contrario, debe ser monótono, te debe llevar a la calma, a la tranquilidad, incluso a la cama.

Otra cuestión nada baladí es la extensión del propio epílogo. Yo he de decir que nunca fui partidario de «lo bueno si breve dos veces bueno» ni de «la parábola del hijo pródigo» (pero ésta es otra historia). A mí me da pena que se acaben las cosas que me gustan. Por ejemplo, un polo. Creo que lo correcto sería «lo malo si breve es sólo malo». Así que es mejor no preguntar y escribir y escribir y escribir a lo loco. Lo que sí está claro es que ha de ser de mayor extensión que el prólogo y jamás sobrepasar al propio libro.

De cualquier modo, a mí los epílogos que me gustan son aquellos con los que finalizan algunas películas y documentales y que te dicen lo que les pasó a los protagonistas de la historia con el tiempo:

Rodrigo Cortés: Acabó en una residencia.

Juan Gómez-Jurado: Lo recogieron sus hijos.

Arturo Gónzalez-Campos: Acabó en una residencia.

Javier Cansado: Acabó en una residencia.

Javier Cansado

[Escrito durante las fiestas de la Virgen de Agosto en Cubilla, Soria (y se nota).] 🗲

LOS AUTORES

Arturo González-Campos

Es monologuista, actor, coordinador de guiones de «El club de la comedia», locutor, actor, escritor de libros y de obras de teatro y guionista de televisión.

Ha hecho programas como «El Club de la comedia», «Splunge, «La Noche de Fuentes», «Se hace saber», «Así nos va» y obras de teatro como «5 hombres.com», «5 mujeres. com», «Tonta ella, tonto él» o «Vivir así es morir de humor».

Como nadie lo para, también ha escrito tres libros con «El club de la comedia» y los siete libros de La Parroquia: *Y líbranos del mal humor, amén*; *Tonto el que lo lea*; *¿Para qué sirve un cuñao?*; *¿Vamos a la cama?*; *¡Viva la madre que me parió!*; *Padre nuestro que estás en el sofá* y *Yo también fui a EGB y tampoco fue pa'tanto*.

Ha impartido el Máster de Guion de Humor en la Universidad de Salamanca.

Cada noche durante ocho años, El Monaguillo y él dirigieron en Onda Cero el programa «La Parroquia».

Desde hace dos años dirige, con Javier Cansado, Rodrigo Cortés y Juan Gómez-Jurado, el podcast «Todopoderosos», que actualmente se graba desde el Espacio Fundación Telefónica.

Y encima es, probablemente, uno de los hombres más atractivos que hay sobre la tierra.

Juan Gómez-Jurado

Es periodista. Ha pasado por las redacciones de algunos de los principales medios españoles. Sus novelas se publican en más de cuarenta países, se han convertido en bestsellers mundiales y han conquistado a millones de lectores. Pese a ello, Juan sufre en silencio el bullying de sus compañeros de Todopoderosos sin matar a nadie. Bueno, no.